能量决定命运

成功和幸福的密匙

樽粮 / 著

华夏出版社
HUAXIA PUBLISHING HOUSE

图书在版编目（CIP）数据

能量决定命运 / 樽粮著. —北京：华夏出版社，2015.1（2025.4重印）
ISBN 978-7-5080-8311-7

Ⅰ. ①能… Ⅱ. ①樽… Ⅲ. ①成功心理 – 通俗读物 Ⅳ. ①B848.4-49

中国版本图书馆CIP数据核字(2014)第274039号

能量决定命运

作　　者	樽　粮
责任编辑	王占刚　陈　迪

出版发行	华夏出版社有限公司
经　　销	新华书店
印　　刷	三河市少明印务有限公司
装　　订	三河市少明印务有限公司
版　　次	2015年1月北京第1版　2025年4月北京第6次印刷
开　　本	880×1230　1/32开
印　　张	6.25
字　　数	100千字
定　　价	29.00元

华夏出版社有限公司
网址：www.hxph.com.cn　地址：北京市东直门外香河园北里4号　邮编：100028
若发现本版图书有印装质量问题，请与我社营销中心联系调换。电话：（010）64663331（转）

前　言

人们常说，性格决定命运。但为什么性格相同的人却拥有不同的命运呢？为什么成功者没有共同的性格特征呢？红浅学认为，能量决定命运，成功者可以有不同的性格特质，但共同点是，具有超乎常人的能量。

幸福和成功是人生的永恒主题，决定成功和幸福的是自身的正能量，强化正能量的同时，也是消减负能量的过程。

与以往的心理学或者人生辅导类图书不同，本书构建了完整的理论模型，尤其是构建了能场（气场）理论，提出正能量和负能量的概念，确定了能量决定命运的核心观点，提出了四大基本定律，构建了四大方法，并以此作为贯穿全书的灵魂。**红和浅，是本书两大基本原则**。红浅学建构了四大方法，**即为别人注入正能量、为自己注入正能量、为别人提升形象、为自己提升形象等**。

红浅学不是沿袭既有的心理学知识，而是结合经验观察、哲学思想和民俗学，深入剖析人性，并对一些无法用科学解释的神秘巧合现象进行了阐释。

作者采用咨询师比尔和司机尼克的故事为主，并以情景案例、模拟对话和历史故事贯穿全篇，令读者在快乐阅读中获得心灵震撼，进而明心见性。对于没有耐心阅读的人，读读比尔和尼克的系列故事，就可以获得强烈的震撼和启迪。

本书提出了成功不等于幸福的观点，并致力于让大多数人获得成功和幸福，但对于积极践行红浅学的智者，获得超常的成功也在情理之中。读懂了红浅学，可以使人从命运舞台的配角，变身命运大戏的导演，成为掌控命运之舟的船长。

本书适用于职场、商业、家庭、情感、教育等方面。哪些人不适合读红浅学？如果不喜欢成功，不想幸福，安于现状，可以不读此书；如果自认为十分成功、十分幸福，可以不读此书，因为你可能已经是红浅学高手。

书中的两个主人公：

比尔是个才华横溢的人，他做过高级职业经理，也做过管理咨询师，他换过很多工作，大多和自己的专业无关。尽管远比周围的人优秀，但他始终不能获取事业上的成功，更远离人生的幸福。凭借独特的洞察力，他对别人的行为细节进行了深刻的观察和分析，他发现了各色人等的成功奥秘，而这些手段几乎和智力、优秀没有什么关联。比尔通过不断地总结和提炼，终于学会了掌控命运，伴随而来的是，他的内心真正变得强大，浑身充满了能量，世界也变得温暖起来。

尼克是个推销员，主要任务是催促客户付款。他小时候因为个子矮经常被欺负，所以非常喜欢搏击运动。难耐漫长的空闲时光，他买了台摩托车，成了一名黑车司机。他在每天和几十个人的短暂接触中，感悟到了人性的复杂和微妙，更体会到了人生不可捉摸的节奏，那正是无形的能量在发挥作用。

目 录

前言 / 001

第一篇 红浅学的理论假说
- 第一定律：能量决定命运 / 003
- 气场和能场 / 005
- 显能和潜能 / 008
- 正能量和负能量 / 011
- 智慧与能量 / 012
- 第二定律：能量交换原理 / 013
- 第三定律：模仿效应 / 015
- 第四定律：定位效应 / 018
- 红浅学的核心原则 / 020
- 拥抱幸福的方法和本书的阅读价值 / 024

第二篇 给别人注入正能量
- 渲染积极有利的一面 / 029
- 将军苛责下属导致王国灭亡 / 031
- 不要显得比别人高明 / 034

- 帮助别人发现优点 / 037
- 专注话题,不要游离 / 041
- 炫耀优势会激怒别人 / 044
- 精通红浅学可以成就一代名师 / 046
- 家庭正能量缺失祸及婴儿 / 048
- 提供有利的观点和依据 / 050
- 猴子也不喜欢善意绑架 / 053

第三篇　给自己注入正能量
- 学会奖励自己 / 059
- 董事长相信,灾难永远不会降临 / 062
- 著名教授的惨痛教训:不要惩罚自己 / 065
- 远离负能场,成就伟大人生 / 068
- 心灵对话,激发无限潜能 / 073
- 聚焦能量,学会选择和放弃 / 077
- 人生修炼:弥补自己的短板 / 081
- 过度取悦他人损害正能量 / 084
- 通过人生导师获得正能量 / 085
- 培养一个受益终生的好习惯 / 089
- 成功的诀窍是树立短期目标 / 092
- 寻找生命价值基因 / 095

第四篇　帮助别人提升形象

- 形象就是生命 / 101
- 热情、积极、主动的三项原则 / 102
- 王后被部下调戏，国王没有翻脸 / 106
- 认同原则：假定正确 / 109
- 顺同原则：让别人的意志得以发挥 / 112
- 协同原则：做别人最需要的人 / 120
- 聪明人会选择性说话 / 124
- 公开赞美效果好 / 127
- 解决问题而非追究责任 / 130
- 为上级创造露脸的机会 / 131
- 增强仪式感 / 135

第五篇　提升自己的形象

- 大枪暗杀男人，小枪暗杀女人 / 141
- 尽量展示自己的优势 / 144
- 外表是形象建立的前提 / 147
- 展示梦想会赢得面子 / 152
- 勇于拒绝，树立形象 / 156
- 展示自己的成功经历 / 158
- 对要做的事情毫不怀疑 / 160
- 专注于自己的责任 / 164

- 处理异议和表示不满 / 166
- 成功人士通过吃亏树立形象 / 169

第六篇 做幸福的大多数
- 不成功,也许是因为父母不够优秀 / 175
- 屌丝逆袭的海岸线 / 177
- 大人物往往不是幸福的人 / 181
- 红浅学改变命运 / 184
- 红浅学绝非培养善良的绵羊(红浅学和厚黑学)/ 186
- 做幸福的大多数 / 189

第一篇　红浅学的理论假说

　　一百只满载梦想的小船整装待发，它们即将奔赴传说中的神秘岛。
　　这是一场没有归途的探险之旅，是否能够成功，谁也没有把握。
　　也曾有无数满载希望的小船，葬身海底，连同梦想。
　　成功不取决于船的形状、颜色，
　　而取决于储备的油料、引擎的马力、船长和承重。

　　——生命小船的油料就是人的能量
　　——生命小船的马力就是人的显能
　　——生命小船油料中的渣滓就是人的负能量
　　——生命小船的船长就是人的智慧

第一定律：能量决定命运

一百只满载梦想的小船整装待发，它们准备奔赴传说中的神秘岛，这是一场没有归途的探险之旅，是否能够成功，谁也没有把握。成功不取决于船的形状、颜色，而取决于储备的油料、引擎的马力、船长和承重。

——生命小船的油料就是人的能量

能量是指维持生命系统运行的核心能量，称为生命核能，古代东方称为元气。动物或者植物一旦形成，其生命核能就确定下来，能量的不断释放，推动其生命发展，而当能量消耗殆尽时，其生命也就到达了终点。

能量是无形的，以场的形式存在。人与世界的关系就是能场和世界的关系，我们所谓的无法把控的外界因素，其实是能场和外界作用的结果。也就是说，客观条件也受自身能场的影响。人并不被动地接受外界的影响，人通过能场主动影响外界。

科学认为生命来自父母的基因遗传，但这只是局限于生理层面，而生命核能不局限于此，基因只是起到了物质基础的作用，而能量则是无形的，是无法描述的。

如果基因是唯一决定命运的因素的话,那就无从解释同一家庭出来的孩子在能力和命运上的巨大差别。显然,能量也非子体从母体中继承而来的。

命运就是能量曲线的形状

所谓命运,就是指人在一生中各个时期的生命状态,包括身体、事业和社会关系等。成功和幸运都是相似的,苦难虽然各有不同,但结局都是不幸。

能量释放的强度是变化的,形成了能量曲线,不同时期的生命表现取决于能量曲线,能量曲线决定了人生的高潮和低谷。即使能量相同,但因能量曲线不同,命运也会显得截然不同。当能量曲线上扬的时候,人会感到比较幸运,下沉的时候,就会感到非常倒霉。

性格和智商都不会影响命运

性格决定了人的兴趣和行为方式,但不决定能否达到目标,获得人生成功。决定是否达成目标的因素是能量。智商和成功也没有必然联系,智商高的人如果不善于行动,也难以达到成功。

婴儿可以察觉到别人的能量状态

普通人无法察觉别人的能量状态。在普通人眼里,每个人都是差不多的。但婴儿却可以察觉到别人的能量状态,每当见到能量状态很差的人，他们会强力拒绝接触。

有的动物也会察觉能量状态。据民间经验，狗见到乞丐会非常凶狠，但遇到有身份的人，则显得十分温顺。

气场和能场

气场是可以为人们所感知的部分，它不是能场的全部，气场具有易变性，而能场则相对恒定。

比尔在一家公司做市场经理时，真正感受到了气场的存在。比尔的顶头上司是业务总经理，他是个很有男子气概的人，公司上下对他都很尊重。他们去纽约参加科技产品交易会，在做好准备工作后，比尔和本部门的同事们在晚上打扑克，玩小额度的赌博。玩的时间长了，大家意兴阑珊，手里的牌都变得很差。很晚的时候，总经理进来了，他站在旁边和大家随口聊天，大家的情绪一下子就上来了，每个人手里的牌都变好了，局面顿时变得激烈起来了，最后占上风的人，恰好是最靠近总经理的人。比尔不会打桥牌，但他看过总经理打桥牌，他发现总经理总能抓到好牌。

在产品交易会上，公司的产品并不占有优势，但也有少量客户过来咨询和订购，这时，总经理随口说一句话，客户就会按照他的意见下订单，很少有讨价还价的。他似乎有一种别人无法拒绝的能力。后来，比尔又遇到过其他具有同样气场的人，他们共同的特征是外形强大，为人和善。

特殊职业的人也会养成独特的气场，比如凶狠的动物看到屠夫，就会吓得四肢颤抖。

一个干练的女人走出地铁口，疾步走到尼克面前，抬腿坐上了摩托。她说："第四大道，五美元，走吧！"第四大道是富人区，住着很多法官和官员。尼克答应了一声，启动了马达。正值晚上的高峰期，路上车辆很多。走出不远，前面出现了交通堵塞，尼克前面的轿车被对面来的一台车卡住了。尼克停下车，那个女人自言自语地说："如果这台车向左开一点就好了。"话声未落，前面的车向左调了一下，让出了一个空隙，尼克急忙发动车子，飞快地穿过去，然后沿着车流的空隙开了几十米，来到岔路口。

尼克想拐弯，但是右侧被一排车堵死了。有一台面包车前面有道缝隙，但不足以通过。那个女人自言自语地说："这台面包车如果能往右走就好了。"话声未落，面包车一挑头向右开去，尼克启动摩托车紧随其后，逃离了车流，顺利地把女士送到了第四大道。尼克问她是不是警察，她说她是法官。

动物凭借彼此的气场来采取行动，识别其他动物的气场是生存的一项基本技能。动物遇到其他种类的动物，尽管从来没有见过，但仅凭气场就可以判断对方是自己的猎物还是自己的天敌。

清晨醒来，山姆先生发现一只大猫闯进了自己家，眼看撑不走,也没当回事,直到被别人认出是老虎,山姆先生才慌忙报警。

"早晨5点左右,我们还没有起床,突然听到狗叫鸡叫。"山姆先生说,睡眼惺忪的山姆先生出屋看到一只"大猫"从家里的看门狗前大摇大摆地走过,转弯进了自家的厨房。"大约半米长,耳朵很尖,胡须很长。"此时,家里的两条狗冲着那只"大猫"狂吠,旁边的几只鸡也被吓得乱跑,其中一只吓得掉进了旁边的水塘里。"当时我没认出来是什么,以为是猫或者不知什么品种的狗。"山姆先生说,他跟着"大猫"进了厨房,想把它赶出来,但是它却一直蜷缩在厨房的西南角,后来又钻进厨房里的一张小床下。"怎么赶都不走,想牵狗吓唬它,狗却不愿进屋,只在外面叫。"山姆先生没当回事,出门了,留妻子一个人在家。下午山姆先生接到家中妻子的电话,妻子略有些害怕地催促他:"别人说这是只老虎,你赶紧回来吧。"

山姆的鸡和狗显然没有见过老虎,但小老虎凭借强大的气场,就把它们吓得到处乱串。这就是气场的作用。随着进化,人降低了对动物气场的感知能力。但特殊职业的人依然保持着独特的判断能力,比如警察很容易识别出小偷、吸毒者和妓女,而他们不会轻易盘查有身份的人。

也就是说,学会判断气场,有助于识别别人的身份。

显能和潜能

一百只满载梦想的小船整装待发，它们准备奔赴传说中的神秘岛，这是一场没有归途的探险之旅，是否能够成功，谁也没有把握。成功不取决于船的形状、颜色，而取决于储备的油料、引擎的马力、船长和承重。

——生命小船的马力就是人的显能

生命核能是由潜能和显能组成的，潜能是未被释放的能量，显能是当时呈现的能量状态。潜能是冰山潜伏在水下的部分，显能是露出水面的部分。

潜能是非常可怕的，很多神秘学说，包括宗教等，都把潜能当作主要研究对象。潜能的一个突出表现是超自然力，尽管很多人对此进行回避，但不可否认这个课题曾经是冷战时期各个国家的军事科研项目。只是这种能力并非人们期望的那么强大，所以被放弃了。

大多数心理学家或宗教大师都反对开发所谓的超自然力，认为具有这种能力的人，会对自己的命运带来极坏的影响。作者也曾经遇到过一些宣称有超自然力的人，或者对超自然力特别敏感的人，他们共同的特点是身体比较差。

总体来说，潜能释放水平越来越低，潜能随着释放逐渐减少。婴儿的潜能很大，潜能释放的水平很高，所以婴儿的显能很高，容易让人喜欢。而老人潜能释放水平很低，所以显能很低。

但具体而言，每个人潜能释放的幅度会有变化，这就会导致个人命运的形形色色，为此演变出众多的人生哲理。潜能释放的幅度决定了能量曲线，即命运曲线。

开发潜能，意味着透支未来

潜能开发是目前很具有商业价值的生意，但是人为开发会带来负面的效果。通过训练开发出新的能力，可能同时会削弱其他方面的能力。这种所谓的潜能开发，倒不如说是能力替代训练。

对青少年的过度训练让很多人痴迷，但事实上，在青少年阶段非常突出的孩子，成年后几乎都成为平庸之辈。中国有关教育机构对二十多年来的高考第一名进行跟踪调查，在政治、科技、商业领域都没有发现他们的踪影。顶级大学开办的少年班和天才班培养出来的学生，在工作后也都很平凡。

潜能会在特殊情况下大量释放

有的人会在亲人遇到危险的时候，突然迸发出巨大的能量。如看到亲人被压在车下，自己用力掀开汽车，让亲人脱险；或者看到婴儿从楼上掉下，祖母会以奇快的速度跨越30米的距离，接住婴儿。但这些人事后都会感觉身体受到了极大的损害。

健康和长寿的关系

健康和长寿常常被人们习惯性地放在一起，似乎健康才能长寿，但越来越多的调查发现二者并没有直接联系。那些保持良好身体状态的人未必比普通人长寿，而那些长期萎靡不振，甚至依赖药物的人，却有很多活得很长。这是因为，健康强壮的人潜能释放水平较高，潜能消耗比较快，而后者恰好相反。所以近年来，很多运动专家开始反思过度锻炼，而建议顺其自然。

长寿的方法，最根本的途径是减少自己的欲望。

竞赛型和常态型

有的人天生具有突然释放潜能的能力，这种人称为竞赛型，另外的则是保持稳定的常态型。竞赛型的人常表现在运动员中，这些人平时训练水平一般，比赛成绩也不高，但是每遇重大比赛，总能超水平发挥，很多冠军就属于这种类型。

在学生中也有很多这样类型的人，他们在平时连中等水平都达不到，但却在高中最后的考试中突然发力，考上了不错的大学，让人大跌眼镜。在大学里，有的学生根本不上课，也没有表现出很高的智商，但却在考试前几天突击复习，也能勉强及格。

竞赛型的人能够在重要的场合释放潜能，所以在生活中比较容易成功。

正能量和负能量

一百只满载梦想的小船整装待发，它们准备奔赴传说中的神秘岛，这是一场没有归途的探险之旅，是否能够成功，谁也没有把握。成功不取决于船的形状、颜色，而取决于储备的油料、引擎的马力、船长和承重。

——生命小船油料中的渣滓就是负能量

能量分为正能量和负能量，它们有的是先天存在的，有的是后天产生的。正能量增加，则负能量减少；负能量增加，则正能量减少。大多数人先天能量差别不大，但后天的家庭生长环境差别很大，尤其是青春期之前的环境条件对人影响很大。这也是家庭和睦在欧美特别引起重视的原因。

正能量是能够促进生命质量，完成人生使命的能量；负能量是降低生命质量，有碍人生使命达成的能量。

正能量充盈的人，让周围的人如沐春风；负能量较多的人，让周围的人浑身不自在。

正能量的表现：快乐、积极、善意、包容、简单、健

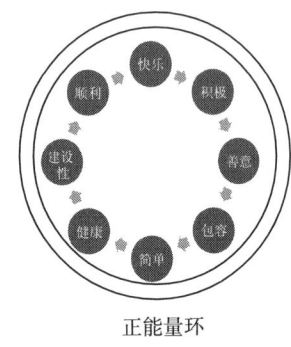
正能量环

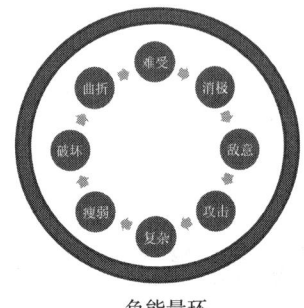
负能量环

康、建设性、顺利。

负能量的表现：难受、消极、敌意、攻击、复杂、瘦弱、破坏性、曲折。

负能量的攻击性不反可以给别人带来伤害，而且对自己也会带来损害。中国古话说，杀死三千敌人，损失八百士兵。负能量虽然是对自身生命不利，但也非一无是处。负能量多的人在危机情况下可以发挥作用，打击敌人，保护自己。

智慧与能量

一百只满载梦想的小船整装待发，它们准备奔赴传说中的神秘岛，这是一场没有归途的探险之旅，是否能够成功，谁也没有把握。成功不取决于船的形状、颜色，而取决于储备的油料、引擎的马力、船长和承重。

——智慧是人生小船的船长

人是智能动物，具有主观能动性。通过学习，可以掌握先进的世界观和方法论，通过融入社会，克制自己的不足，广结善缘，获得成功和幸福。

有的人能量很大，可以在懵懵懂懂中获得成功和幸福，比如电影《阿甘正传》里的主人公；有的人虽然能量不大，但通过大脑的智慧，扬长避短，有舍有得，也能获得圆满的人生，比如中国古代的姜子牙和佛教慧能大师。

智慧可以让人学会增加正能量，消除负能量，获得圆满的人生。哲学和心理学，包括宗教，都是提高人的智慧，进而提升能量的学说。

红浅学就是传播能量驾驭之术的方法。

第二定律：能量交换原理

尼克小时候因为个子小而经常挨打，所以他对搏击非常感兴趣。他在开黑车的时候，看到过几次打架。打架的时候，双方并不是直接开始性命相搏，而是逐渐升级。开始只是打击躯体，后来才打击头部。高的捆胖的一掌，胖的还击一掌；高的打胖的一拳，胖的还击一拳；高的踢胖的一脚，胖的还击一脚；高的打胖的鼻子，胖的打高的眼睛。接下来双方全力相搏。

尼克经常收看搏击比赛，他发现这种对应式的打法也同样出现在专业运动员身上。被动方总是按照主动攻击方的方式来回击，进攻方多次用勾拳来进攻，那么被动方也会用勾拳来回击；进攻方用脚来踢对方，被动方也会马上自然地用腿来回敬。这时，尽管被动方可能更习惯用直拳，但他的习惯手段已经完全被压制，只能按照主动方的方式来迎战。

能量交换既是在有意识状态下进行，也是在无意识状态下进行，有的时候能意识到，有的时候根本没有察觉。能量交换包括正能量的交换，也包含负能量的交换，即善有善报，恶有恶报。

尼克经常去一家日式餐厅吃饭，餐厅老板的孩子非常调皮。有一天，趁尼克低头喝水，他在尼克背上猛推了一掌，然后尖叫着跑开了。尼克吓了一跳，虽然不疼，但心里也很恼火。过了一会儿，小孩忘记了刚才的行为，又走到尼克身边。尼克一把抓住他的胳膊，想给他个脑崩儿以示惩罚。他刚抬起手，小孩仰起头来，热情地说："叔叔好！"尼克当时就软化了，摸摸他的脑袋，放开了手。

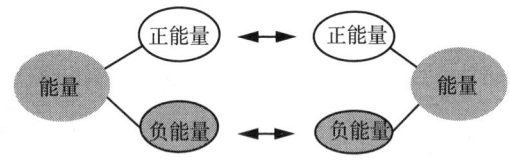

本书主要侧重探讨有意识条件下的能量交换，无意识条件下的能量交换尚未涉及。

第三定律：模仿效应

模仿是动物间一种普遍的行为，人类也不例外。

很多鸟类都能通过模仿学会其他鸟类的叫声和人语，如鹦鹉、八哥、乌鸦、椋鸟、园丁鸟和琴鸟等。把狗和猫从小养在一起，狗可以通过模仿，从猫那里学会用爪子洗脸和捉老鼠。小鸡啄米常常跟着母鸡学，如果提供一个机器母鸡，它们不仅可以增加啄米的频率，而且还会跟机器母鸡啄同一颜色的米粒。

有人曾观察过一个猕猴群，发现有一只年轻的母猴首先学会了用水洗掉土豆表面的沙子，其他个体很快就都学会了这种方法，同一只母猴还学会了把掺沙子的麦粒投入水中，以便把沙子和麦粒分离开来，后来整个种群也都学会了这种取食技能。

老鼠也是一种极为擅长模仿的动物。每当人们发明一种捕鼠技术，开始阶段非常有效，但过一段时间就不会再有老鼠"中计"，原来是有的老鼠发明了躲避捕鼠技术的方法，其他老鼠通过模仿而学会了保护自己。

模仿效应已经被电视台运用到炉火纯青的地步，在表演现场，导演总会高薪聘请一些职业演员冒充观众，通过他们狂欢、哭泣等夸张的表现来烘托演出效果，摄像机及时地捕捉到这些镜头并传到电视屏幕上，引起电视观众的共鸣。

婴儿的模仿行为

比尔还是个少年的时候就发现了婴儿的模仿现象。比尔的哥哥是个探险者，他有一对双胞胎女儿，她们平时就被放在比尔的父母家里抚养。少年的比尔迷恋上神秘的印度修炼术，他不仅睡觉有特殊的姿态，有时候还会在客厅里操练一些动作。有一次比尔练习睡觉动作，恰巧被双胞胎中的姐姐看到了。过了一天，比尔意外发现，双胞胎中的姐姐正按照自己的睡姿准备入睡！还有一次，比尔在客厅里操练修炼术，双胞胎中的姐姐看到了，过了两天，这个小女孩突然自己走到客厅中间，按照比尔的动作操练了一番，让周围的人大吃一惊。这种模仿也许不是当时的，但会在不久呈现出来。

双胞胎中的妹妹却缺乏这些模仿能力，长大后也是善于模仿的姐姐学习成绩更好一些。

成人间的模仿行为

比尔到了一个新的公司，被临时安排在正处于筹备中的酒店里工作，他和另外一个离婚的女人负责咖啡厅的看护。因为一点小事，比尔得罪了这个女人，这个女人总是对比尔横眉冷对，仗着她和经理的暧昧关系，她总想找碴儿修理比尔。一天下午，天很冷，比尔坐在空旷的酒店大堂里，感觉很乏味、很无聊，他随意哼了一段流行歌曲。过了不久，比尔意外地发现他的敌人——那个离婚的女人——也哼起同样的歌曲。两个人没有交流，都是无意识地哼唱。从此后，似乎两个人的关系也没有那么剑拔弩张了。

动物间普遍存在模仿现象，我们可以认为动物潜意识中存在一种行为导向需求，一旦外界出现引导性的动作，动物本身就会无意识地跟从。动物潜意识中充满了多种行为可能和模式，但因行为冲动不够强烈，动物没有采取行动，而一旦有了外界引导，动物这种行为冲动就释放了。心理学中的从众心理其实是模仿效应的一个体现。

红浅学将会利用人际间的模仿效应，采取对自己有利的行动。

另一个模仿的例子来自比尔上大学的时候。比尔读的是理工专业，班级里只有4个女生，却有30个男生，但4个女生却都没有谈恋爱，男女间的关系显得非同寻常的微妙。

有一次，他们在野外实习基地遇到了另外一所学校的一群学生。晚间休息时，比尔的男同学们对着住在另外一栋楼的外校女生唱情歌，外校女生虽然没有对唱，但也没有躲避，只是趴在栅栏上听。比尔不太热衷这种活动，他意外地发现自己班级的几个女生也和男生一起在唱。按理说，自己的女同学们应该对于男生的这种行为表现出愤怒、排斥，或者回避才对，但她们却选择了伴唱！

这是为什么？

第四定律：定位效应

定位效应可以形象地称为框架效应，当人被定位为某一角色建筑时，潜意识中就会自动地调动自身的材料丰富这个角色，完成这个角色。角色可以是各种范畴的，比如能力的、品德的、职业的、地位的，甚至性别的。

比尔刚上小学的时候像个傻瓜一样愚蠢，他连老师教的最简单的字母都学不会。他不会写字，写一次作业会用坏几支铅笔，因此经常遭到哥哥的训斥。比尔担忧到了极点，甚至丧失了活着的勇气。还有令人恐惧的是，班级里有一对双胞胎兄弟，他们看谁不顺眼就把他揪到黑板前罚站，好在比尔还没有遇到这样的厄运。有一天双胞胎兄弟把一个漂亮女孩揪到前面，女孩的父亲恰好刚刚去世，她心情不好，哭着跑回了家。学生们乱作一团，双胞胎兄弟吓得躲到厕所里不敢出来，老师来了后也无计可施。比尔突然产生了莫名的勇气，从未公开讲过话的他，在老师面前把双胞胎兄弟控诉了一番，老师听得目瞪口呆。上课时，老师批评说，比尔不把精力用在学习上，只会讲别人的坏话！他学习不好不是因为智商低，而是因为没有用心学习！老师批评的话像闪电一样划过比尔漆黑的脑海，他问自己，我聪明吗？我真的聪明吗？这次批评不仅没有带来沮丧，反而给比尔带来了莫名的喜悦。从此以后奇迹发生了,老师讲的任何东西比尔都能听懂了,有时老师刚开讲,他就领会全部课程了。比尔的数学、语文成绩都名列前茅。更奇怪的是,比尔似乎无师自通地学会了轻松写字,也不再浪费铅笔了。

比尔在大学期间见识了一种神秘的修炼术。这种修炼术宣称不仅可以显著提高人的功能,最大的特殊之处在于可以治疗近视。辅导比尔的是一位处于半退休状态的将军,每次授课他都是乘着军用吉普而来。这位将军说,正是这种修炼术让自己从很差的身体状况变得像现在这样精壮。另一位女讲师则宣称,自己以前是处于半失明状态,在陪伴具有先天性近视的外孙修炼时,意外地提高了自己的视力。比尔从未怀疑他们的真诚,但修炼一段时间后自己并没有任何提高,他归因于自己天赋不够。

一次这个修炼术的发明人来到了比尔就读的大学,他是另外一所大学的医学教授。教授说他的两只手掌间有强大的能量场,可以牵动别人。一个女学生上去体验,看她两只手似乎都被无形的力量牵住了。比尔也上去体验了,但他没有任何感觉,但为了应付局面,他也装得似乎手被控制住了。在路上,他问那个女学生到底有没有感受,女学生说,教授手间确实有很强的力量。后来这位教授在大学的礼堂里布道,在他发功时,很多有身份的绅士开始大哭大叫、捶胸顿足,而布道结束后,这些人变得有说有笑,与之前判若两人。而比尔却一直没有什么特别的感觉。经历过几次类似的场合，比尔发现那些看起来神经瘦弱的人更容易受到这种信号的影响。

这是个流传很广的故事：一个刚毕业的大学生，因为求职屡屡碰壁而穷困潦倒。在巴黎大街上他遇到了一位占卜师，他请占卜师为他指点迷津。占卜师看了看他，突然大惊失色地说："你是拿破仑转世，你的前程不可限量！"年轻人听后喜出望外，带着愉快的心情，几经努力终于找到了理想的工作。几年后，已经功成名就的他特地重回故地，他想找到占卜师表达谢意。他看到占卜师依旧是那身装束，正和一个流浪汉在谈话。走近后，他听到占卜师说："你是拿破仑转世，你的前程不可限量！"年轻人顿悟了，他泪流满面地悄悄离开了。

红浅学的核心原则

红浅学是以阳光、积极、自信和善意的态度，通过维护别人的面子、营造自己的面子，来获得良好的人际环境和人生的成功。红浅学与厚黑学倡导的心黑、脸厚完全相反，提倡心肠好和脸皮薄。红浅学对所谓深刻和批评持谨慎态度。

红的含义

积极

积极是认为事物会向理想和预期的方向发展，认为社会的存在是合理的，认为人的出发点是善意的，人的本性是善良的，认为人具备足够的能力，并认为努力会得到相应的回报。

自信

通过对自身的认同，使自己处于良好的心理状态，轻装上阵，乐观地对待生活。自我信任的同时，产生对他人的信任，用自己的态度给人注入正能量。

善意

个人的行为出发点是对别人有利，而非其他原则。为了对别人产生好处，即使说谎也在所不惜。

主动

在人际关系以及事业上主动付出，主动承担一定的责任，不惜承担部分风险。

热情

热情是指强度较高但持续时间较短的情感，它是一种强有力、稳定而深厚的情感，对人投入较高的良性态度，倾注较多的精力。

浅的含义

表层

在一些非重要的、非本质的层面上进行积极互动，建立良性关系，从小到大，积累正能量。

现实

着眼于现实的、短期的、轻易的问题，而不是复杂或者长远的问题,即有现实性、即时性。解决了眼前的问题,积累了能量,然后再解决长远的问题。

面子(形象)

维护自己的和别人的形象,通过良性的互动,使双方的面子都得到彰显。不伤面子,是一个上升到战略高度的原则。

面子(形象)的含义

所谓面子,是希望在别人心目中建立的公众形象。面子的大小就是自身在别人心目中的地位,也即公众影响力。

面子即生命的社会价值体现,面子的毁灭有时会伴随生命的毁灭。

有个出身富裕家庭的17岁高二学生,他品学兼优,立志考上顶级大学。但在一次考试的时候他给其他同学递纸条,监考老师发现后,没收了纸条,然后让他考完后留下来,去德育处处理这个事情。后来他受到老师的严厉批评,非常沮丧,当晚就从18楼跳下,结束了自己年轻的生命。之所以选择自杀,是因为他精心树立的形象被彻底打碎,进而失去了生活的勇气。

面子(形象)的层次

基本层面:个体是健康的、没有缺陷的;个体没有心理缺陷或者怪癖;个体是具备社会道德或者特定领域伦理的,经济独立的,具有生存或者专业能力的。

高级层面:在社会事务中具有较大影响力。

给面子：他人非常认同、尊重其面子的影响力。

不给面子：他人无视其影响力。

撕破面子：他人不顾其影响力，损害其尊严和利益，破坏其公众形象。

红浅学即提倡建立自己的形象并维护别人的形象

如果有人习惯维护自己的形象但却践踏别人的形象，人们会敬而远之；

如果有人喜欢牺牲自己的形象而去成就别人的形象，人们就会可怜他；

如果有人既践踏自己的形象，同时也践踏别人的形象，那么大家都会厌恶他；

如果有人既善于维护别人的形象，同时也善于维护自己的形象，那么他就是红浅学高手。

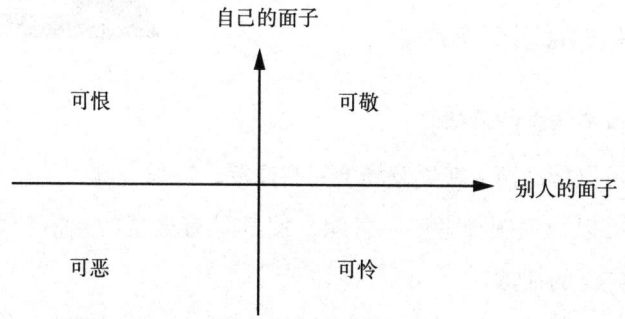

拥抱幸福的方法和本书的阅读价值

拥抱幸福的方法：

红浅学的使命是驾驭能量，改变命运，走向成功，拥抱幸福。主要方法是"一个核心，两个原则，四大方法"。

一个核心：能量决定命运

两个原则：红&浅

四大方法：1.给别人注入正能量；2.给自己注入正能量；3.为别人提升形象；4.为自己提升形象。

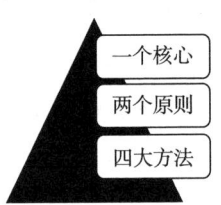

本书给予读者的价值：

可以帮助商人在生意场上左右逢源，广积人脉；

可以帮助领导者广结善缘，使其具有卓越的人格魅力，获得广泛的拥戴；

可以帮助企业家建立可敬的领袖形象，赢得员工的爱戴；

可以帮助年轻人迅速进入职业角色，获得快速上升的通道；

可以帮助人们建立人格魅力,轻易获得异性的青睐;

可以帮助家长和教师建立可敬的形象,激发孩子的学习兴趣,成为孩子尊敬的长者。

第二篇　给别人注入正能量

在人类社会，几乎完成任何一项活动都需要与他人接触、协作，如果相关方能够将能量协同统一，就有可能把事情做好。

中国古话说，方法正确，则能获得很多帮助；方法不正确，就无法获得帮助。为别人注入正能量，既是利人的善举，也是利己的途径。

根据红浅学的能量交换原理，能量交换既是在有意识状态下进行，也是在无意识状态下进行，有的时候能意识到，有的时候根本察觉不到。能量交换包括正能量的交换，也包含负能量的交换，即善有善报，恶有恶报。

为别人注入正能量，别人也会回馈以正能量，这样能量才会统一协同，有助于事业的顺利和人生的幸福。

想为别人注入正能量，一定要知道哪些是负能量。

*为别人注入正能量，是获取良好人脉、使人如鱼得水的秘诀，适用于商场、职场、教育领域。

渲染积极有利的一面

"你今天的运气不错!"黑车司机尼克说。尼克今天搭上了一个金发姑娘。金发姑娘问:"你怎么知道我的运气不错?"尼克说:"如果乘客的运气好,开车就会非常顺利;如果乘客的运气不好,就会堵车,甚至撞车。这一路走来,虽然车很多,但我们总能找个缝隙穿过去,到现在为止,我还没有用刹车。"金发姑娘说:"也许是你的运气比较好。"尼克说:"我的运气一般,今天有时非常顺利,有时非常麻烦。借着好运气,你可以去买彩票、做生意。"金发姑娘说:"我既不爱买彩票也不做生意。"尼克说:"那就给心爱的人写封情书吧,写得肉麻点,也许就成功了!"即将到达目的地的时候,金发姑娘说:"你可以在那儿等我一下吗?我拿点东西,还要回到地铁口。"这样尼克就赚了两个五美元,而且省下了空返的汽油。

尼克发现,及时向乘客反馈积极良性的信息,乘客会非常高兴,并且会想办法为他创造更多的利益。

事物的发展和演变都会有好与坏两种结局,过程中也会出现有利或者有害的情况。如果专注于可能出现的有利因素,那么自己就会心情振奋,正能量提升;如果总是想到不利的情况和失败的结果，那么人就会变得沮丧，正能量降低。

向别人描述未来的趋势时，如果能专注于有利的因素和理想的结果，那么就会使人振奋，为其注入正能量，对方则通过能量交换原理反馈回正能量。

毕竟谈话不是在做严谨的可行性报告，没必要面面俱到。这一点在说服别人行动的时候非常关键。成功的商人们大多精通此道，他们因此获得了比常人多得多的利益。政治家们也精通此道，他们通过描绘蓝图赢得选民的支持。

比尔从事咨询业后，常常为如何争取客户的订单而烦恼。上门来洽谈的客户确实不少，但是最终签约的却不多。怎么才能让客户信服自己、愿意出钱购买自己的咨询服务呢？一天一个香港女商人来到公司，她想把美国的牛肉进口到中国，并且想创建自己的品牌。比尔头脑翻腾了一下，决定一改以往的策略。他说，由于这几年禽流感盛行，中国人吃鸡越来越少了。现在牛肉进出口政策在中国已经有了松动，美国牛肉进入中国的市场已经成熟了。香港女商人听了很振奋，详细介绍了自己的牛肉的优点。比尔说，你的牛肉是雪花牛肉，比中国自产的牛肉口感好，可以瞄准高端消费人群。在中国，出现了一批先富群体，他们不怕东西贵，就怕东西不好，如果我们走高端品牌路线，就可以迅速在中国建立一个著名的牛肉品牌。香港女商人很高兴，她马上确定了合作意向，并很快签订了合同。

将军苛责下属导致王国灭亡

如果过于看重别人的过错,并加以责罚,会导致对方出现逆反心理,并采取对抗行为。

2000年前的汉末,魏国、蜀国和吴国三国鼎立。蜀国大将关羽被吴国杀死,蜀国发兵报仇。张飞将军奉命率先讨伐吴国,可他性格急躁,在行军时,恨不得一步赶到吴国。张飞是伟大的军事家和书画艺术家,他尊敬有才能的人,但却轻视普通的部下。他不断地催促战士们,让将领们苦不堪言。其中有两个将领顶撞了几句,被张飞打得遍体鳞伤。他们对张飞恨之入骨,又担心张飞会杀了他们,所以趁张飞午睡时,用匕首杀害了张飞。他们把张飞的首级交给吴国,使蜀国君主刘备以为是吴国指使的。刘备怒气冲天,不顾吴国的再三求和,毅然亲自率军讨伐吴国,结果却被吴国用火攻击败,损失了几十万军队,最终他悲愤而死。刘备死后,蜀国逐渐衰落,不久后被魏国吞并。

批评和责罚往往在以下情况下发生:

1.别人主观上做错了事情,比如迟到、违约、违纪、失信、行为不端、失礼、行为不够完美等,并对自己有一定损害。

2.别人的能力缺陷,比如对事物的错误看法,重复发生的错误,工作业绩、学习成绩糟糕,事业上的失败,不良的生活习惯(如不讲卫生、不修边幅、作息不规律、当众吸烟、动作不雅等)等。

3.仅仅是认为对方的想法、观点不符合自己的标准。

尼克经常遇到抱有各种观点的人。有的人很喜欢谈时事,一上车就说什么生意都不好做,微软正在裁员,摩托罗拉将被收购,整个美国即将走向毁灭。接着他们开始大骂民主党或者共和党,然后又诅咒金融集团。听他们的预期似乎是政治活动家马上就要开展武装行动,但下车后,他们又恢复成普通人的样子,平静地走了。还有的人喜欢谈宗教,主动探讨一些生命奥秘和神秘现象,进而鼓动尼克皈依宗教,有的人甚至在离开时还会送尼克两本有关宗教的书籍。尼克发现这两类人都比较吝啬,谈时事的往往是混得比较差的低收入者,谈宗教的往往则是不切合实际的人。

批评一方面是表明自己对错误的态度,希望对方弥补,另一方面潜含惩罚的意识。批评会使人产生保护心理而寻找借口,使人因为失去尊严而产生仇恨,使人产生恐惧感而失去正确做事的能力,批评使人颜面尽失,从此后他不再愿意面对你。

批评是一种惩罚,是对其错误和弱点的打击,被批评者因此损失了面子、消耗了能量,他将反馈给你的也是负能量。

批评越严厉，效果越糟糕

大多数情况下被批评者自己已经意识到问题，与其批评其行为及后果，不如告诉他正确的方式，或者尽快补救；或者干脆对错误视而不见，或者绕开话题；或者坦然地接受现状。

在对方并无过错的情况下，就其能力、生活习惯或其观点进行批评，是一种自身缺乏教养的体现，也是一种非常愚蠢和恶毒的行为。这时的批评往往体现为挖苦、讽刺和贬低。这种情况更多地出现在青少年和低素质人群中，原因在于批评者本身不懂得人际交往之道，不知道沟通的技巧，把批评当成了一种社交手段。

比尔在做区域经理的时候，招聘了一个经朋友推荐的城市经理。城市经理在做这份工作的同时，还做着自己的生意，公司为他配备的货车也帮了他生意的大忙。比尔对此一清二楚，他采取了默许的态度，城市经理因此扩大了生意。一次因为城市经理工作推进不力，比尔通过电话训斥了他，并夹带了脏字。后来他们先后离开了这家公司，比尔的部下通过自己的生意成为成功的商人。他们几年没有联系，后来比尔的部下又和他建立了联系，但似乎感情上总是有点隔阂，比尔感觉到当初自己的语言伤害了他。比尔反思，宁肯不要对人过于慷慨，也不要批评或伤害人。

如何让别人恨死你:

1.抓住他的错误和过失严厉批评,在大庭广众下批评。

2.对他的长相、发型和卫生习惯进行无休止的批评和调笑。

3.批评的时候夹带脏字,比如fuck、shit或者捎带上他的父母。

只要做到这三点,别人保证恨死你了。

如果一定要批评,那么——

1.不要动怒,声调一定要平和。

2.就事论事,不要牵扯过去的事情,也不要凭想象发挥、夸大。

3.不要急于划分责任,不要侵犯人格。

不要显得比别人高明

通过谈话是人们建立关系的重要途径,很多人通过谈话结识朋友,被人赏识,建立了影响人生的重要关系。但大多数人谈话后并没有密切彼此的关系,有的甚至会发生冲突或不欢而散。

需要说明的是,大多数谈话的内容不会对交谈方产生实质的影响,即谈论的内容与自己的利益和行动没有关联。

比如，讨论一个社会问题，谈论一个明星，谈论一个新闻事件，谈论对公司或个人的看法，等等。因此，观点的正确与否不重要，谈话的气氛才重要。如果两个人观点一致，就容易在情感上互相接纳，成为知音。

谈话时，经常有人会发表一些肤浅、庸俗的言论，或者偏激、错误的观点，因为这些观点对现实无害，所以没必要去刻意纠正。**谈话时对方表述不精彩，也没有必要去帮他完善，或者用精彩的语言帮助他表达同样的内容。**那样做的效果会使对方产生挫败感，即使自以为高明的人观点很正确，但并不会因此赢得尊重和友谊，反而是观点接近的庸俗之辈成为挚友。现实中，聪明的人往往交不到什么好朋友。

在世界的传统文化中，心直口快都被视为优点和道德标准，但在生活中不懂得变通和委婉，则会被视为缺乏修养，被人们所厌恶。

交谈中，有人以发表高深的思想、精彩的言论而期望获得他人的赏识和尊重，事实上效果往往很差。

案例分享：

朋友们在讨论一个逃犯发财后归案的新闻。

幽灵：有个杀人犯潜逃十年，成了千万富翁，最后被警察抓住了。奇怪啊，为什么老是逃犯能成千万富翁？

世界作家：他没有退路了，努力程度不一样。

小机灵：错！逃跑才几天就落网的智商有缺陷，所以没有出息。逃了十几年的智商高点,所以才有出息。

幽灵:那是因为警察想要他的钱。

世界作家:听说罪犯成了千万富翁,警察们都对这个案子充满了兴趣,是吧?

中山水:膜拜了!如果没听说他有豪车,估计不会那么念念不忘!

电视正上演一个相亲节目。

中州汉子:这个男嘉宾30岁不到就能开广告公司,家里一定有背景。

世界作家:不一定。现在很多小公司的老板都是年轻人,公司也不一定很赚钱。

中州汉子:靠自己怎么能行?社会这么腐败,哪个老板没有关系?

世界作家:嗯,有可能!看这个人也不像很有本事的,现在社会没有关系寸步难行啊。

中州汉子:专家说了,现在社会阶层固化了,穷人的孩子永远是穷人。

世界作家:社会太不像话了,简直没有老百姓的活路啊!

以上对话中,世界作家一开始在认真地和别人对话,当发现对方在发泄自己的不如意和对社会的负面看法时,他顺应了其情绪,很快地结束了这段谈话。

帮助别人发现优点

"去林肯社区，多少钱？"一个黑人少妇问。"五美元！"尼克回答。"四美元，最多了！"少妇坚决地说。"那好吧！"尼克搭着黑人少妇驶向林肯社区。林肯社区是富人区，一般乘客都付五美元，很少讲价的。"这么有钱还讲价！"尼克抱怨说。"别人都收四美元，我一直都付四美元。"少妇回答说。

在路上，尼克感到这位少妇比一般女人重，他打趣说："美女你多重，有没有100斤啊？"少妇说："100斤？你不要逗我开心了，我都120斤了！"尼克说："有这么重吗？看你身材很匀称啊。"少妇说："我的屁股比较大，因此比较重，不好看。"尼克说："屁股大，身体好，我爷爷经常说，男人找老婆一定要找屁股大的，可以多生小孩。我的屁股也很大。"

车到了林肯社区，少妇先付了他五美元，然后让他等一会儿，接下来送她去羽毛球馆，又给了他五美元，而到羽毛球馆仅有几百米的距离。尼克发现，帮助乘客解决烦恼，乘客会非常高兴，并且会想办法为他创造更多的利益。

当别人请你来评论某件事或者某个东西时，其实是期待你的肯定。这时就要指出他的优点和长处，对方得到肯定后，心情愉悦，自信心增强，提升了正能量。根据能量交换原则，对方也会对你进行正面的评价，提升你的正能量。如果别人能经常性地从你这里得到正能量，他就会对你产生依赖，成为你可以借助的社会资源。

有时别人也希望你指出他的不足，但其实内心是很害怕被提到缺点的。

对策：对优点进行全面、深入的阐述，对缺点和不足点到为止，说些人人都会有的通病。

比如：

你只是有时比较急躁；

你偶尔有些冲动；

你不太注重方法；

你不重视包装；

你对别人太善良；

你的心不够狠；

你太操劳了；

你不会心疼自己。

千万不要以为他会因你发现了他致命的弱点而感激你，他感激的是发现他潜在优点的人。

什么时候指出别人致命的缺点？

1.如果事关他的生命、事业等重大事宜,要提醒他注意。

2.如果他和你的关系很亲密,如家人或多年的亲密朋友,可以在一些重要事情上坦诚相见。

3.如果他的不足比较明显,而且你又有把握确实能帮助他,可以指出来,他会很感激。

4.别人愿意花钱让你给他"看病"。

比尔遇到了十多年前的一个老同事,意外相逢两人格外高兴。他们坐在餐厅里畅谈往事。老同事年纪比自己小,却已经有很多白发了,比尔心中不禁伤感。老同事却兴致盎然地讲述自己的生活,他说他读了MBA,有些企业主动找上门来咨询,他赚了几笔钱;他说自己坚持运动,每周都打篮球,身体比年轻时还强壮,每年的健身卡费用都要高达5000美元;他说又在市中心买了两套房子,专门用来出租;他还说自己开了两家品牌服装店,由自己的太太打理。

比尔感觉他描述的成功和他目前的状态不符,但比尔觉得他说得很好。老同事实际上在演绎一个逻辑:努力就会成功,岁月成就事业。

很多理论体系中都推荐赞美,但却缺乏对赞美技术的清晰介绍,使读者阅读后不知所云,胡乱尝试,最后都沦为了拙劣的马屁精。赞美即是属于关注对方优点的表达方法。

称赞别人优点的方向是:

1.外貌、衣着

2.品德

3.风度、气质

4.行为方式

5.才华、能力

6.成就

称赞别人优点的方式是：

1.当面单独赞美

2.当众赞美

3.当着他的面对另一个人赞美他

4.背着他赞美，故意传递给他

比尔见到了多年前的搭档汤姆以及他的妻子，比尔已经很久没有见过这位女士了，因为他们夫妻之间曾经离过婚，现在又在一起了。他发现虽然她变得有些憔悴，但是人显得更有气质了。闲聊时，她问比尔是否还住在东区，比尔说是的。她说："东区的房子这几年涨了两倍，你赚了不少吧？"比尔说："房价确实涨了两倍，可惜我当初没买房子。"她说："那你一定投资在其他方面，赚的钱更多。"比尔说："我也没做什么投资，没赚到什么钱。"她说："那你一定是在卧薪尝胆，寻找机会。"比尔笑了说："你总是对我寄予厚望，只是我不太争气。"她说："你本来就是个应该成功的人。"

比尔不得不对她刮目相看了。

专注话题，不要游离

大多数情况下，人们讨论的话题并不会对现实生活有影响，人在挑起一个话题的时候，是源于其兴趣和情绪。在对话中，如果对方忽视了其话题，或者转移了话题，都会影响话题发起者的情绪，使其感到轻视或者受到挑衅，降低了其尊严和个人价值。这样降低了其面子，削弱了其能量，轻则情绪低落，重则发生冲突。

不擅长表达或者表现欲过强的人，往往喜欢注意话题或者抢过话语权，自顾痛快，滔滔不绝地说下去，无论说得怎么样，对方都不会高兴，谈话的价值反而降低了。现实中总有人喜欢把气氛搞僵。

转移话题成功的可能性很低，除非你是个谈话高手，否则，不如加入这个话题，在共同讨论中提升自己的影响。

自以为高明的人往往喜欢转移话题，一方面可以显示自己的优越，另一方面是对别人的话题不感兴趣，也折射出缺乏对他人的尊重。

中州汉子：天很阴，看样子要下雨啊！

小精灵：很不喜欢南方的天气，热得要死人。

中州汉子：天气预报说这几天有阵雨。

小精灵：南方的饭菜太清淡，不如我们家乡的味美。

中州汉子：今年雨水很多，很利于农作物生长。

小精灵：天气预报一向不准，地震预报也不准，统计数字也不准，新闻也不准，没有什么是值得信赖的。

此对话中，小精灵显然是个愤世嫉俗的人，他只把关注点放在公共事务上，而缺乏对普通事物的操控能力，不受欢迎也是在情理之中。

如果有更重要、更具现实性的话题，比如突发的事件，身边的某个人发生了重大变故，或者发生了可能影响彼此的重大变故，如公司准备裁员或者居住地准备搬迁，当然可以转移到新的话题，如果只是因为个人兴趣而转移话题则容易破坏气氛。

情境对话案例：

明成：沉默啦，怎么，咱们不是有共同的话题吗？

海燕：我在忙着给某些人看病呢，等会儿聊吧。

明成：心病？还是其他？

海燕：是那人脑子有病，我给看看！

世界作家：海燕妙手回春啊！

海燕：回啥春啊？

明成：呵呵，医生呀，对症下药哦。

世界作家：她是蒙古大夫。

明成：蒙古大夫，下药很猛哦。春，就是给弄活了。

世界作家：蒙古大夫是人兽一起看的。对，所以春药就是救命的药。

明成：那你经常买春？春药吗？年纪大了注意身体哦！创作也是个力气活儿。

世界作家：不买。这和大小没关系，每年夭折的小孩也不少。

明成：同身高有关系？咱不聊这个话题了，有点坏坏的。

世界作家：感觉像二人转演出了。

明成：你喜欢二人转吗？我比较喜欢，总是在剧场里看。

世界作家：你是从农村出来的吧？

明成：是呀，我在农村长大的。乡村的气息比较浓。

世界作家：城里的一般不看，观众也是来城里的农村人。

明成：不会吧？北方城市里比农村多，你不是北方人？

世界作家：城里的喜欢唱歌、洗澡。我在长春待过几年。

明成：你说话好像让人摸不着头脑，其实你想说什么我知道。

世界作家：你太敏感了。

明成：所以你不了解就别说了，我喜欢说话明白些。

对话中，明成是个很喜欢转移话题，并容易引起异议的人。他的做法很容易惹怒别人，使气氛变得紧张。

炫耀优势会激怒别人

炫耀优势会使其他人产生自卑心理，还会使人产生嫉妒和愤怒，进而产生攻击行为。

一个孩子开学的时候和同学谈论起压岁钱，同学们听到他的压岁钱比自己多几倍，心理不平衡，联手把他打了一顿。

有个学生到新学校报到时，同校的几个学生看他走路的样子很神气，气愤之下把他打了一顿。其中有个孩子带着水果刀，顺手把他捅了几刀，使他身受重伤。

还有的人在舞厅里跳舞，由于动作过于优美，或者过于夸张，常会引来旁观者的敌意，发生意外的冲突。

展现优势可能会让人敬佩，炫耀则会导致嫉妒。炫耀优势和展现优势的不同在于，前者在展示的同时伴随着自鸣得意，表现出自己高人一等。

喜欢炫耀者有的确实具有自身的优势，他们习惯于通过突出这一点，以期获得别人的尊重。还有的人没有什么优点，只是习惯于炫耀，这种人最容易招致攻击。

如果喜欢显示自己的聪明，在别人发起话题的时候，显示自己的优越，更令人反感。如果对方是自己的上司或者老

板，则可能招致报复。

2000多年前的汉末，中国陷入军阀混战，曹操将军带领的军队是最强大的一支。曹操在进攻另一集团时遭遇强烈抵抗，他想要进兵，被敌军拒守；想要撤退，又担心敌军耻笑，心中犹豫不决。在喝鸡汤的时候，曹操见碗中有鸡肋，很有感触。这时部下入帐，请示夜间用什么口令。曹操随口说："鸡肋！鸡肋！"下属传令众官，都称"鸡肋"。

谋士杨修听到"鸡肋"二字，就教随行军士收拾行装，准备归程。有人告诉夏侯惇将军，他急忙请杨修至帐中问："为什么收拾行装？"杨修说："根据今夜号令，可以预测我们很快就要收兵了：鸡肋，食之无肉，弃之有味。现在进不能胜，退恐人笑，在此无益，不如早归。来日曹操将军必然班师。所以先行收拾行装，免得临行慌乱。"夏侯惇将军说："你太了解将军的意图了！"于是也开始收拾行装。其他将领听到后，也纷纷准备收拾行囊。

当晚曹操心乱失眠，绕寨散步，只见军士们都在准备行装。曹操大惊，急忙问怎么回事。有人说："杨修已经猜到将军要收兵撤退了。"曹操问杨修怎么猜到自己的想法，杨修说明了原因，曹操大怒说："你怎么敢造谣扰乱军心？！"说完让部下把他推出去杀掉了。这只是杨修被杀的导火索，在此之前，杨修多次显示了自己的才能，让曹操非常不满，最后被杀是多年的积怨导致。

因为他人优秀而产生嫉妒和攻击行为，更多的是发生于同性间。男性的攻击行为主要集中在青少年阶段或者低阶层人士中，素质高的男性对他人炫耀的包容性比较高，而女性对同性的攻击则不分年龄段，也不分阶层，即使一个很成功的女性也会因为嫉妒而对一个普通女性产生攻击。比如，一个女企业家面对一个来应聘的年轻学生，她可能会因为女孩的美貌或者撒娇行为而勃然大怒，提出难题来难为应聘者。

喜欢炫耀的人应该关注一下自己的不足，习惯于欣赏别人的优点。

精通红浅学可以成就一代名师

有个中学数学教师非常成功，他带的学生总能在地区考试中名列前茅。很多教师慕名来听课，但发现他的教学水平并无过人之处，他们失望而归，把他的成功归结为运气好。多年来他一直是远近闻名的优秀教师，他获得的收入也远远高于其他教师。到要退休的时候，一个年轻教师诚恳地向他请教成功之道。

老教师：想让他们数学成绩好，首先让他们喜欢数学。

年轻人：怎么才能让他们喜欢数学呢？

老教师：让他们先喜欢数学教师。

年轻人：怎么让他们喜欢数学老师呢？

老教师：我表扬他们！

年轻人：表扬有这么大作用吗？学生们只怕没什么值得表扬的啊。

老教师：学习好的我表扬他聪明；不聪明的我表扬他认真听讲；不守纪律的我表扬他可爱；没有特点的我表扬他进步快。

年轻人：确实不错，这样就能提高他们的成绩吗？

老教师：除了表扬我还奖励他们？

年轻人：怎么奖励？

老教师：每次上课我都会叫三个同学回答问题，下课前我就给表现最好的同学一块巧克力；每次中考之后，我请前三名去家里吃饭；期末考试最好的同学，我就送他一部游戏机。

年轻人：这要花费您不少钱啊，我们没有这笔经费呀。

老教师：我的收入比其他教师高一倍，随便拿出一点就够了。家长们为了让我单独辅导孩子给我的礼物，远比这高出多少倍啊。

学生在学校中，最重要的是获得价值认同感，建立自己良好的公众形象，即面子。教师的认同、表扬会为其注入正能量，使其健康成长，并使其热爱学校，喜欢学习。

东方的教育观认为，孩子都是有许多缺点，需要教师约束，因此严厉成了教师们的普遍特征，批评成了教育的主要内容。西方则注重发挥学生的天性，淡化约束，鼓励其主动表达和发挥。

一个成功的企业家想让儿子接受中国传统的文化教育，他把孩子送进一家国学私塾。这家私塾采取全托制，每个月要缴纳不菲的学费。学了三个月，企业家发现情况不妙：以前孩子非常活泼，但现在孩子非常敏感，稍微批评一下就显得很害怕、很沮丧，有一种明显的负罪感。企业家想，可能这家私塾的国学教育有问题，先把孩子带回来，再找一家教学水平更高的吧。

家庭正能量缺失祸及婴儿

在家庭教育中，家长自身的能力和行为至关重要。婴幼儿最重要的是安全感，父母的能力是他们生存的保障，如果父母的能场比较低，那么儿童就缺乏安全感，产生焦躁、胆怯的情绪，甚至产生攻击性。

黑车司机尼克经常在餐厅吃饭，那条街上有两家餐厅，其中一家是意大利餐厅，另一家是日式餐厅。餐厅老板的年纪都差不多，意大利餐厅老板比较高大，家里有个女儿；日式餐厅老板非常矮小，家里有个男孩，这两个孩子都是五六岁。尼克和这两个小孩比较熟悉，所以比较注意观察他们的行为。

小男孩很渴望和尼克说笑，经常围着尼克转。尼克发现小男孩总是显得心神不定，似乎很没有安全感。一天，小男孩嘲笑尼克说："你是个大胖子。"尼克说："你不喜欢胖子吗？"小男孩说："我不喜欢胖子，超市老板就是个大胖子！"停了一下，小男孩突然脱口而出，"我父亲是个小个子！"尼克明白了，是矮个老板造成了小男孩心理强烈的不安全感，所以小男孩喜欢亲近像自己这样高大的成年人。

小女孩很安静，只是喜欢和母亲玩耍，她经常由祖父照顾。然而有一天尼克意外发现，当她的祖父说了一句话转身离开时，她居然在后面对着祖父的腿猛踢一脚！太不可思议了！

尼克一次去一家大酒店吃饭，旁边一桌坐着一家中国人，一对夫妻带着一个小男孩，还有丈夫的父母。那个小男孩非常调皮，他围着桌子跑来跑去，他抱住祖母，用双手摇着祖母的脑袋，然后又粗暴地把她的头发搞乱。尼克非常震惊，这个小男孩太缺乏教养了！过了一会儿，小男孩跑到父亲身边，他和父亲亲昵地玩起游戏，他轻轻地咬咬父亲的胳膊，然后飞快地用手擦掉父亲手臂上的口水，之后重复刚才的动作，完全变成了一个可爱的孩子！

父母的年龄如果过大，或者幼儿被祖父母照顾，家长的气场不足以给孩子安全感，孩子也会因此产生不安全感，进而产生攻击行为。

在中国，农村的年轻人都到城市打工，孩子们都被祖父母照顾。祖父母们年纪都比较大，身体比较衰老，气场微弱，孩子们都有非常强烈的不安全感，有些还对祖父母十分憎恨和轻视，他们有的殴打祖父母，有的甚至对祖父母进行谋杀。这种现象已经成为中国的一个重大的社会问题。

家庭正能量的缺失，是孩子成长的重大障碍，这种情况也存在于单亲家庭和孤儿院中。在关于家庭成员的重要性上，父亲的作用一直被忽略了。最新的研究表明，如果婴儿在出生三个月后还没有和父亲发生互动，就会产生心理障碍。让孩子健康成长的条件未必是富足的生活或者良好的教育条件，而是让家庭中出现强大的成员。这一点在孤儿院的教育中也有体现。

有个明星在离婚多年后娶了一个小他30岁的年轻女歌手，并在他58岁的时候生了个男孩。这个男孩非常漂亮可爱，在十多岁的时候就在父亲的帮助下开了个人演唱会，音乐界的明星们都纷纷到场祝贺。但他在15岁的时候酒后驾车，发生碰撞，他和同伴殴打了对方，并持枪威胁，他因此被判入狱一年。出狱半年后，他又带着一群人酒后轮奸了一名少女，被处以重刑。心理学家通过对他不同时期的照片观察，发现他从十多岁开始，就已经呈现出一幅无赖的样子，而这正是因为没有安全感而产生的攻击性特征。

提供有利的观点和依据

当人面临一件关系到自己的重大事件时，他迫切希望能得到肯定和支持。这时，应该向他提供有利的信息和推断，这样就会增强他的信心，强化他的能量。这样对方就会喜欢你、依赖你，成为你的好朋友。否则，他会感到悲观，并厌恶和他谈话的人。不合时宜的人总喜欢渲染悲观的气氛，会被人称为乌鸦嘴。

一个少妇想和丈夫离婚，她一直认为丈夫配不上自己，她的婚姻是在浪费青春，丈夫应该因此支付一笔损失费。她的朋友赞同她的想法，并列举西方名人离婚时，都要向妻子支付高达千万，甚至上亿的赡养费。她的朋友还说，她的丈夫年纪大、长相差，她还为他生了个可爱的儿子，她丈夫理应支付给她一笔钱，虽然她丈夫只是个工薪阶层，但也要拿出几万块作为补偿。少妇听了之后非常高兴，深为自己的想法得意。

但实际上，少妇的朋友非常清楚，中国是不存在婚后赡养费一说的，少妇不仅拿不到钱，离婚后反而还要支付孩子的抚养费。她之所以没有讲到这一点，是认为双方的关系还没那么亲密，如果说了不利于她的话，会让她不高兴，使她以为自己不支持她。

过了几天，她们又见面了，少妇说她的家人咨询过律师，律师说如果离婚可能还要支付子女抚养费，看来离婚也得不到什么好处，暂时不离婚了。

对话案例：

中州汉子：唉，我家里出大事了！弟弟开车出车祸了。

世界作家：啊？怎么会这样啊！

中州汉子：我弟弟买了台货车送货，前天给一个建房的人送水泥，有个人在五楼刷墙，他的保险绳另一端系在地上，我弟弟倒车的时候刮到了这根绳子，刷墙的人被拉下来，当场摔死了。

世界作家：保险绳怎么能系在地上呢？怎么没有人负责保护呢？这些人素质太差了，难免出事故！

中州汉子：这下可惨了，不知道要赔多少钱，我弟弟已经被拘留了。

世界作家：这个问题不大，属于事故，因为死了人所以比较被重视，如果人不死都不会拘留。现在也可以办理保释手续啊，责任在施工方，属于施工方违章操作，死者属于工伤。

中州汉子：幸亏他的车入了保险，保险公司能负担一部分。

世界作家：那更好办了，钱由保险公司拿，你弟弟不用出钱。

中州汉子：出事了，大家都倒霉了，建房子的也倒霉了。

世界作家：这和业主没什么关系，主要由承建方负责。当然，如果业主自己亲自雇佣的工人，那业主负主要责任，估计他那栋房子保不住了。

中州汉子：我父亲去交通局问过，交警说要划分责任，不知道能判几年。

世界作家：不会判刑！这连交通肇事都算不上，责任划分清楚后就会放出来。

中州汉子：不会吗？那太好了！也不用赔很多钱吧？死者家属不会讹诈吧？

世界作家：不会，最多几万块钱，除非……（世界作家想说，除非你弟弟倒车过猛，越过了路缘）除非他家里有官方背景。

中州汉子：应该不会，如果有官方背景，他怎么可能干这种工作，去爬到五楼刷墙呢！

世界作家：对，总统的侄子肯定坐在办公室里，不会挂在大楼上刷墙啊！

猴子也不喜欢善意绑架

有一个养猴子的人，他可以和猴子用语言交流。他很喜欢猴子，为了满足猴子们的欲望，他减少了自家的口粮。但是不久家里缺乏食物了，他将要限制猴子们的食物，他说："我给你们果实，早上三颗，晚上四颗，这样够吗？"众多猴子一听很生气，都跳起来反对。过了一会儿，他又说："我给你们果实，早上四颗，晚上三颗，这样足够吗？"猴子们听后觉得很高兴，蹦蹦跳跳地跑到主人面前，乖乖地蹲在地上。养猴的人付出的没有改变，只是因为征求了猴子们的意见，获得了良好的效果。

善意并不一定能得到理解和尊重，吸纳对方的建议，哪怕是不怎么正确，效果反而更好。医院的数量远远少于饭店的数量，原因在于餐厅提供美食，而人们本能地去追逐美味，却不愿意在健康上投资。

"我不喜欢这个人，尽管他看起来非常友好。"尼克启动了摩托车，心里暗暗地想。刚才他路过这个地铁口，顺便想搭个人。车停下不久，来了一个搭客的摩托车司机。这个司机人很帅气，衣着得体，态度友好。他主动地提醒尼克，注意观察身后，以免有便衣警察突然出现，并介绍说警察一般什么时间出现，一般司机每年都要被警察没收十几台车。尼克插不上话，只能被动地应付着。他似乎知道尼克最关心哪些问题，自己滔滔不绝地说下去。后来过来两个乡下人，他们的方言尼克听不太懂，那个摩托车司机和他们谈了几句，然后对尼克说："他们要去希拉里酒店附近，你带他们去吧，平时六美元，两个人收八美元。"尼克带着两个人驶离，路上总感到内心不快，那个人虽然对自己很好，但自己有一种被操控的感觉。

人们有时出于良好的愿望，为别人做了一些好事，但却没有得到别人的认可，反而招致不满，原因是剥夺了对方的抉择权和决定权，这是一种主观而非民主的方式。

很多企业主拥有善良的愿望，他们希望能把公司的生活搞得人性化。但在选择方案的时候，却没有征求员工的想法，凭借自己的好恶，想当然地设计了一些活动，但因为不符合员工的需求，没有达到预期的效果，反而可能招致一些人的反感和抱怨。善意的绑架行为，在传统企业中非常普遍，已经成为亚洲企业文化中的一种流弊。

比尔当年在日本公司做策划总监的时候，汤姆是销售总监。汤姆是个外表光鲜的帅哥，但并不是很有才华。比尔也不认为他的销售能力有多么强，更看不上他手下的那群业务经理。但比尔依然注重和他搞好关系，毕竟只有两个人合作好，才便于开展营销工作。一次，比尔旁听了汤姆组织的部门会议，比尔看到，汤姆列了几个方面的问题，让每个业务经理发表看法，然后他把每个人的意见写到问题的下面，最后就这些意见开展讨论。所有的意见被重新评定后，根据评定结果，作为销售方法和政策确定了下来，会议的任务也就完成了。在整个过程中，汤姆并没有先入为主地确定什么，只是提出了问题，组织了会议。比尔对他的工作方法很感兴趣，这和自己部门的工作方法完全不同。比尔召开业务会议的时候，一般都是自己事先确定好方案，很少从下属那里获取什么建议和帮助。

善意的绑架广泛存在于亚洲的家庭之中。

父母们为子女设计了一切，子女成了他们计划的执行者。随着子女们的成长，自我意识建立后，他们会强烈地反对父母的建议和命令。尤其在婚姻安排上，子女们会极度反感父母介绍的婚姻对象，如果父母坚持己见，子女们会采取离家出走等方式来抗争。事实上，子女自由恋爱未必会比父母之命的结果理想，但子女们大多本能地反对父母指定的婚姻。西方家庭子女与父母关系较为融洽，子女在18岁以后就会独自生活，因为相对平等的关系，他们和父母保持着比较好的关系。

亚洲国家尽管提倡子女对父母尽孝，但奇怪的是，却存在着大量的虐待父母的现象，包括拒绝赡养、抢夺财物、侮辱，甚至暴力侵害，这在西方国家是很罕见的。部分原因是父母曾经长期通过善意绑架，剥夺了子女的抉择权，因而在子女心目中播下了仇恨的种子。

放弃善意的绑架行为，会提高对方的满意度。

第三篇　给自己注入正能量

红浅学的定位效应也可以形象地称为框架效应，即当人被定位为某一角色时，潜意识中就会自动地调动自身的材料丰富、完成这个角色。角色可以是各种范畴的，比如能力的、品德的、职业的、地位的，甚至性别的。

定位效应的存在，使智慧驾驭能量成为可能。

不仅如此，人的潜能相对于显能来说，可以看作无穷大，但巨大的潜能像仓库的物品一样凌乱地分布，能量与自己的目标并不协同。协同自身强大的潜能，才能具有强大的显能，达成巨大的成功。

负能量的存在会抵消正能量的发挥，消除负能量，就是解放了正能量。

为自己注入正能量的方法是，在智慧的干预下，强化正能量或者消除负能量。

*为自己注入正能量，是成就伟大领导者、成功者、大师的唯一途径，是可以终生修炼的功课。

学会奖励自己

奖励可以为人注入正能量，但奖励毕竟是偶尔发生的。对于较为优秀的人、地位较高的人，往往他们是别人奖励的源头，却很难从别人那里获得奖励。

在没有人奖励自己的情况下，怎么来奖励自己，为自己注入正能量呢？

人一生主要的压力来自学习、事业、感情、健康、人际关系等方面。大多数人被这些问题困扰而闷闷不乐，生活的过程变得乏味枯燥。红浅学认为，人应该不断地为自己注入正能量，应该在压力巨石的缝隙下为自己寻找快乐阳光。

对于大多数平凡的人来说，承受各种压力是普遍存在的，在这种背景下，寻找低成本的、即时的微小成功或者奖励是很有价值和意义的。

如果一件东西或者一项活动能给自己带来快乐或者有益于身心发展，这就是你的正能量的来源。拿自己想做但却一直没做的事情来奖励自己：

1.如果你一年都不去一次电影院，那么每月去一次，将为你注入正能量；

2.如果你几个月也不去一次大商场，那么每周去一次，将为你注入正能量；

3.如果你买件衣服通常是只花100元，那么偶尔花300元买件衣服，将为你注入正能量；

4.如果你因为工作而没有时间去从事自己喜欢的运动，没有时间去郊游，其实是你的精神被禁锢在工作上了，而不是时间被工作所占据，所以一个星期去做一次自己喜欢的运动，一个月强制去郊游一次，那么这将为你注入正能量；

5.如果你经常抽10元的烟，那么偶尔买一包50元的烟，或者你平时只喝20元的酒，那么偶尔喝一瓶300元的酒，都算是给自己的奖励；

6.私下里把自己狠狠地赞美一番，哪怕是夸大的、不真实的。

为哪些事情奖励自己？

1.通过努力，在短期内完成了一项复杂的工作，如创意工作类；

2.在自己经历了艰苦的人生阶段，如生病、失恋或失业后；

3.经过阶段性长期枯燥的工作之后；

4.某一件突发事件完美解决之后；

尼克经常去意大利餐厅吃饭。餐厅不大，没有雇员，老板做厨师，老板娘做店员，老板年迈的父亲在厨房里帮忙。店面不大，生意不温不火。老板娘总是抱怨店租疯涨，工作时间太长，赚钱太少，一家人开店赚的钱还不如夫妻出去为别人打工。尼克也很清楚，这种夫妻小店大多数是这种盈利水平。时间长了，尼克发现，每到星期一这家餐厅都会提前关门，老板一家开车去朋友家里聚会。而过了圣诞节后，餐厅都会关门十几天，一家人去亚洲旅游！

自我奖励不一定是物质上的，也可以是语言上的。运动员在训练和比赛中，完成动作后，会大喊一声，或者大叫真棒、好样的，这就是自我奖励的方法。

红浅学3215法则：

A.每天睡前用三分钟时间回忆一下一天的事情；

B.然后用两分钟时间回顾一下愉快的经历，重点回顾自己发挥得好、效果好的方面；

C.用一分钟时间，回顾一下不愉快的经历，简单回顾一下自己发挥不佳的地方，并把责任推卸到自身以外；

D.用半分钟的时间考虑一下第二天的计划，然后把这些统统放下，准备睡觉。

比尔从事咨询工作，有的时候很忙，有的时候很闲。他经常为客户写方案，把自己的想法用文字表达出来，传达给客户。写方案是件艰苦的事情，不仅对脑力要求很高，对体力要求也很高。有一次比尔接了个项目，要为客户写一个市场定位方案。平常这样的方案应该有100页，比尔写到40页就写不下去了。他的工作停滞了几天，每当想到工作，比尔都会感觉十分烦躁，心脏激烈地跳动。工作已经成了一个难以跨越的巨大障碍。晚上,比尔在酒馆里喝着啤酒,想着交稿日期越来越近,而工作还有大半未完成,这可怎么办呢?

比尔想,目前的问题不是工作本身有多难,而是自己有厌倦情绪,为什么不把厌倦情绪当成动力呢?这是个好主意,比尔想,做这个项目要写100页的方案,自己可以得到15000美元,平均每页可以让自己赚到150美元,目前还有60页,也就意味着完成后可以赚到9000美元!想到每写一页就可以赚到150美元,比尔突然对工作产生了极大的热情,他迫不及待地想开始工作了!他马上回到家里,打开电脑开始工作,这一晚上,他几乎完成了大部分的工作,第二天彻底写完了方案。

自我奖励不能过于频繁,否则就变成了一个贪图享受、不思进取的自大狂。

1.过于频繁会消耗有限的资源;
2.过于频繁会使奖励效果不明显;
3.过于频繁会使自己变得贪图享乐;
4.过于频繁会使自己丧失面对艰苦工作的勇气。

董事长相信,灾难永远不会降临

比尔有过一次最糟糕的旅行。那天他要去客户公司汇报咨询方案,他赶到火车站时,火车已经开走了,他只能改签了另一趟车,上车后他睡着了,等他醒来发现已经过了一站。他急忙下车赶乘一趟反向的车，终于到了目的地。到了宾馆，他想用电脑，发现电源线没带；他想刮胡子，结果发现刀架上没有刀片；他想洗头，结果发现他带来的是沐浴露；他想写点东西，发现笔记本没有带。第二天，他临时买了一根电源线，勉强在客户面前应付了过去。回到宾馆，比尔懊恼极了，回想这两天的失误，他觉得自己真是不可救药了。他转念一想，为什么不从积极的角度来看问题呢？

他想，幸亏只是多坐了一站，而不是坐到终点站纽约，太幸运了！忘记带电源不可怕，如果忘记带电脑可就砸锅了，太幸运了！幸好只是忘记带刀片，如果忘记带手机可就麻烦了！把沐浴露当成了洗发水不可怕，如果把脚气水当成洗发水就麻烦了！幸好只是没有带笔记本，如果忘记带钱包可就惨了！想到自己其实还是个幸运的人，比尔不禁放声大笑，所有的不快都烟消云散了。

一位中国富豪说，成功者是善于发现机会的人。现实中能发现机会的人很多，但真正付诸行动的人却很少。敢于付诸行动的人大多具有一种特质，他们大多是比较积极的人，想到的更多的是事情成功的、有利的一面，他们在付诸行动前对不利因素和失败的后果考虑很少。普通人则对失败的后果考虑过多，没有采取行动。

从古至今，正是由于人们对成功的追求而采取了惊人的冒险行动，推动了世界的发展。比如人们去航海寻找新大陆，人们在交通隔绝的情况下跨越数千里去从事贸易活动，人们为了追求长生炼丹而发现火药等。

比尔有段时间经常为杂志写专栏，他经常通过msn和一个编辑聊天。一次编辑懊恼地说，他要去采访某公司的总裁M先生。该公司是一个名声不佳的公司，他们以投资高科技为由高息吸纳了几亿美元的存款，为了维持资金链他们经常在媒体上投放大量广告。比尔提醒编辑说，采访时一定要把握分寸，否则将来会受牵连。编辑采访回来后，写了一篇报道刊发，杂志赚了几十万美元。比尔问编辑："M先生是什么状态，是不是惶惶不可终日的样子？"编辑说："完全不是！M先生活得很充实，每天工作安排得都很饱和，采访过程中还出过两次差呢！"比尔听罢非常佩服M先生，身处这么糟糕的境遇下还能如此镇定。过了半年，恰逢欧洲爆发疯牛病，M先生的公司投资的一项很不起眼的科研项目，被证明适合防治疯牛病。M公司因此被一家上市公司收购，M先生还清了债务，成了一个倍受尊敬的成功企业家。

运气坏到了极点，正是好运开始的时候。在人的一生中，尤其是步入社会独立生活后，经常会遇到决定命运或事业成败的关键阶段。在逆境中，这时应该多想理想的结果，不要老是担心厄运或者最差的结局。想象好的结果会使自己心情愉快，免于沮丧。否则沮丧的心情会降低正能量，进而影响周围的气场，导致不良局面出现。

比尔离开一家公司后决定写书，他用了一年的时间来写一本书。在这期间，他也曾尝试找工作，想边工作边写书。但他投的简历大多石沉大海，即使偶有面试也不了了之。后来他的书写完了，但出版并不顺利，存款也快花完了，恰好房东要卖房子，催他搬家，他必须尽快找个工作。他在网上投了几份简历，第二天就有两家很理想的公司请他面试。他先去了一家咨询公司，当场就被老板决定录用了，从此他就进入了咨询行业。他刚开始工作后，经济拮据，每天花钱都要精打细算，怎么才能挨到发工资啊！一天比尔意外收到一封邮件，一个远方的商人在网上看到了他写的文章，想请比尔对其生意做个咨询。这位商人愿意出2万美元请他做两天的咨询，并且先把款打到了比尔的账户上。比尔飞过去做了两天的咨询，这笔钱让比尔渡过了难关。其实比尔几年前就开始把一些发表过的文章顺便发到网络上，但从来没有客户为此付费请他做咨询。比尔对此只能解释为天无绝人之路。

面对逆境，想着好的转机会出现，并采取行动，**你的行动会影响他人的无形的气场，僵局也许会因此打破。**

著名教授的惨痛教训：不要惩罚自己

一个著名教授经常参加电视节目，传授人生之道，她比明星还令人瞩目。她有一个非常优秀的女研究生，不仅学习好，还是学校社团的负责人，本身形象也非常出色，被誉为天之骄子。在学校的几年，她是在受关注的目光中走过的。

然而在毕业前夕,她却从楼上纵身跳下,结束了自己年轻的生命。她在遗书里说,因为不能写出一篇优秀的毕业论文,感觉人生很失败,因此无法面对生活。在她的遗作里,论文刚刚写了几百字。惨案震惊了校园,教授也深受打击,此后很少参加公共活动。

每个人都是独特的,无论你多么优秀,在漫长的人生中,多数时间都是在平淡中度过。人经常会遇到失败和挫折,有很多事情别人会比你做得好。坦然接受自己,坦然面对失败,才不会让自己的能量流失。**能正确处理失败,也是为自己注入正能量。**

人生一些不愉快的经历会深埋在心底,偶尔想到时会引发强烈的情绪波动,并会深深影响自己的行为和性格。这些潜伏在心中的垃圾,具有很强的负能量,学会处理这些垃圾就为自己注入了正能量。

哪些是心理垃圾?

1.作弊被人当场识破;

2.个人失误造成了重大损失;

3.重要的机会没有把握好,擦肩而过;

4.对别人造成了巨大的伤害;

5.自己努力不够或者发挥不好,影响了人生;

6.遭受过重大打击。

扫除心理垃圾的方法：

1.对自己说，事情已经过去了，多想也没有意义；

2.重新分析事情发生的原因和出现的结果，减轻自己的责任，告诉自己，即使不是因为自己，事情也会发生；

3.对自己说，希望记住教训，努力奋斗，以后用成功来弥补；

4.对自己说，勇者从来不计较昨天的失败，而是抓住当下的每时每刻；

5.重新看待所谓失去的机会，即使当初选择了另外一条道路，结局未必更好。

人经常会遇到挫折和失败，比如，考试成绩不理想，工作目标没有完成，没有搞定目标客户，没有完成工作定额，恋爱失败，被人冷落，等等。著名教授的学生就是因为不会面对失败而自杀身亡的。遇见挫折后，尽快消除失败感，否则别人会因此感到不安，对你逃避、轻视，甚至攻击。

消除失败感的方法：

1.告诉自己，机会还会出现的；

2.适当降低自己的期望值和标准；

3.告诉自己，别人做得也不怎么样；

4.想想自己在整个过程中做得好的方面；

5.当你考虑如何面对失败的时候，失败已经对你意义不大了。

学会原谅自己，就是避免自我惩罚。如果原谅了自己，别人也会原谅你；如果你自责感很强，别人也会随之责备你。

远离负能场，成就伟大人生

中国古代思想家孟子很小的时候，父亲就去世了，孟母把家搬到了孟子父亲的墓地附近，以自己的知识教育孟子。因为周围是墓地，经常有人哭哭叫叫，孟子跟着模仿，他们走来走去，孟子也跟着模仿。孟母想："这个居住地不是很理想的地方。"于是，孟母把家搬到集市边上。小贩们都想赚钱，拼命招揽生意，孟子也像小贩们一样大喊大叫。孟母见了想："这个居住的地方也不好。"孟母又一次搬家了，这次，她搬到了学堂，因为经常会有文人来学校作揖拜跪，孟子就向孟母提出要上学读书，孟母很高兴，说："这才是理想的地方。"孟子在良好的环境下，通过母亲的培养，成了一个伟人。

良好的环境会让人思想集中，精神奋发，给人注入正能量。很多成功人士都得益于良好的生活、教育环境，不仅在中国是这样，在国外也是如此。

李普曼是彩色照相机的发明者，他出生于卢森堡，父母在卢森堡皇宫里做家庭教师。年幼的李普曼生活在宫廷中，常常同那些出身高贵的孩子们一起玩耍。他经常好奇地看着那些高雅迷人的小姐跳舞，看着绅士们豪饮高谈，看着仆人们替牌桌上穿金戴银的贵妇人点烟、送茶……父母见小李普曼整天生活在这种无所事事的环境中，深感忧虑。

于是父母决定搬回法国巴黎的拉丁区，拉丁区文化气氛浓厚，且有许多有名的学者住在那儿，对孩子的成长很有好处。

巴黎有一所以严谨的学风而著称的学校，学生每天必须按课程安排上好每一节课，必须按时完成作业，绝对不许拖延。学校对学生进行封闭式管理，同时，这所学校也非常注重学生的品德教育。小李普曼的父母觉得这所学校是出人才的地方，便把他送到了这里。进入学校后，他在知识的海洋中尽情遨游，最后他成为一个伟大的发明家。

负能量场不仅来自环境，也可能来自他人。好的朋友让人如虎添翼，如沐春风；坏的朋友让人误入歧途，能量受损。

比尔曾经有个情人，人长得很漂亮，比尔当初追求她也是看中了这一点。但是两个人真正交往后比尔并不快乐，这个女人总是通过过度刺激比尔来获得自己的满足，在说话和生活细节上都要占上风才罢休，她固执、愚顽、具攻击性。比尔和她在一起经常为小事吵嘴。更不可思议的是，一向身体健康的比尔那段时间身体总是不怎么好，有一次甚至突然发病，险些得了心脏病。还有一次，从来没有住过医院的比尔突然得了阑尾炎，第一次住了院，也失去了身体的一部分。经过几次大事，比尔反思后，认为两个人并不适合在一起，于是比尔采取了疏远策略，两个人的关系慢慢淡化下来。

并不是所有的友谊和亲密关系都会给人带来益处，有的甚至相反会带来灾难。在人际交往中，无形之中是气场间的相互作用，有的气场会带来正能量，有的会带来负能量，要避开带有负能量的气场，而亲近带有正能量的气场。

尼克有个朋友，他们经常在一起喝酒聚会。他年纪较大，很讲义气，交际中也从不吝啬金钱，有困难很愿意帮忙。他社会经验丰富，曾经蹲过监狱，尼克是在他开的餐厅里认识他的。随着认识的深入，尼克发现他总在小事上计较，喜欢倚老卖老。他是尼克这一生中交往最深、最长的朋友，但他们在一起也会经常发生口角。尼克步入社会十多年来，酒后打过四次架，两次他打了别人，一次双方打平，还有一次他被一个黑恶团伙打得半死。巧合的是，这四次喝酒都是和这位老朋友在一起！发现了这个规律，尼克开始警惕这位老友的来访了。

在东方，人们对此早有认识，甚至会通过双方生日来判断对方是否有利于自己；在西方，人们则通过星座来判断彼此的生命特征，据此来决定是否适合在一起。这些理论已经非常成熟，尽管推论和结果未必总是一致，但至少人们认识到其中存在着一定的因果关系。

在中国，沿海地区企业的很多老板都精通此道，他们在招聘员工时，会根据员工的出生日期来确定该人是否会促进企业兴旺，还有的通过应聘者的面貌来判断其是否能给企业带来财富和好运。

对于这些玄妙的理论不必放在心上，但对因果关系应该有所认识。假如自己遇见麻烦的时候，总是与某个人在时空上联系在一起，那么就应该注意了，他可能是你的灾难之源，往往这个人是你形影不离的亲密朋友。假如你的好运和幸福来到时，与另一个人总是相伴相随，那么你要珍惜这个人，哪怕他不完美，甚至不是你很好的朋友。

还有，给你带来益处的人未必是道德高尚的正人君子。

比尔也有能给自己带来幸运的朋友。这个朋友最初的时候，是一家公司的临时招聘官，他见到比尔的简历后，马上对公司的总裁说，这个人我没法面试，他是当总监的后备人选。总裁非常意外，亲自和比尔交谈，然后决定让比尔到公司任市场总监，而第一个人则成了他的下属。比尔发现他是个才华横溢的人，而且很愿意交朋友，他们成了很好的朋友。后来他们相继离开了那家公司，各奔东西。一次这个朋友为一家小企业做咨询，为了显示自身的实力，他邀请比尔访问了那家公司，并大力鼓吹比尔的专业能力，那家公司的老板因此对比尔非常尊重。几年后，在这位朋友早已结束与这家公司的合作之后，这位老板专门请比尔为他的某个项目做咨询。

比尔反思后，觉得这位朋友总能为自己带来好处，虽然天各一方，却非常呵护这份难得的友谊。尽管这位朋友恃才傲物，容易情绪化，爱占比尔的小便宜，但比尔却非常感恩他。

比尔有一段时间忙于找工作，那段时间他经常轮换穿着两件T恤衫，一件是灰白色的，一件是红色的，他个人更喜欢穿灰白色这件，不仅舒服，而且雅致。另一件红色的显得有点暗，面料也不好。一位比较要好的女性朋友，强烈反对他穿灰白色这件衣服，让他很受触动。他总结出，穿红色衣服出去的时候，面试通常比较成功，穿灰白色衣服出去，则没有一次成功。从此那件灰白色的衣服，他只是在卧室里作为睡衣穿一穿。

出现规律性的麻烦自有其内在原因，只是这种原因不为人知。如果去探究其中的道理，反而容易陷入新的误区，明智的办法是躲开。

有的乘客会给尼克带来坏运气。这一天尼克搭了一个健硕的白人女孩，女孩要去广场工地，慷慨地给了八美元。女孩很开朗，路上两个人聊得很开心。到了沃尔玛超市的时候，突然一辆奥迪车插到了前面，并快速地刹车。尼克的车险些追尾，好在刹车及时。尼克非常气愤，大声地鸣笛，提示奥迪车挪开。奥迪车里坐着一个男孩和两个女孩，男孩对尼克鸣笛表示不满，故意停着不动，尼克和他大吵了一架。把女孩送到家后，尼克的情绪还没平息，接下来也没有做到什么生意。

过了几天，尼克又巧遇了这个女孩。同样是八美元，不过是去另外一个地方。一路上十分不顺利，有时堵车，有时险些撞车，还有突然冲出来的小孩，或者急速驶来的自行车，尼克的刹车都快捏烂了，历尽万险才把女孩送到地方。尼克在回来的路上想，搭这个女孩这么不顺利，以后不能搭她，不知道她坐别人的车是否也是这样麻烦。

尼克的车子有一段时间经常出状况。大多数是扎胎，还有一次车子转弯的时候，后轮上的挡雨片掉下来，滑到轮子上，人摔了个大跟头，幸好后面没车，否则必然车毁人亡。尼克痛定思痛，他发现他车子出事的时候都是去某一个方向的路上，而且每次都是经过摔跟头的那个地方。想到这里，尼克不禁毛骨悚然，难道那是个不吉祥的地方吗？从此以后，尼克开车有意绕开那个地方，哪怕多走几百米，也绝不从那里路过。说也奇怪，此后他的车子再也没有遇见什么麻烦。

心灵对话，激发无限潜能

世界上最神奇的宗教就是禅宗，禅宗崇拜的不是所谓神，而是自己，就是通过了解自己，释放自己，发现真正的自己，即成佛。红浅学强调和自己内心对话，就是要发现和完善强大的自我。

普通人都知道，人都有两面性。其实人不仅具有两面性，还具有多面性。人在不同的情况下会表现出不同的特征。

人具有多面性的原因在于，在生命过程中，人对很多事物的行为模式或强烈的情绪，固化在意识深层，形成了强度不同的条件反射，形成了复杂，甚至矛盾的价值观和行为模式。**多面性的结果就意味着自己是有很多个不同的我组成的。**

所以，勇敢者的内心可能住着一个胆小鬼；修养良好的人内心可能存在一个肮脏的下流坏；一个在公开场合彬彬有礼的人可能是个严重家暴的施害者；追求完美的人心里可能住着一个不修边幅、不讲卫生的邋遢鬼。

大多数人的内心矛盾并不激烈，因此被视为正常，有些人矛盾突出则出现精神病的症状。

双重人格是一种较为典型的状态，最突出地表现在公职、神职人员中，即他们的职务特征代表着正义、公正，但其私生活与其职业形象完全背离。中国随着城市经济的发展，很多年轻农民涌入城里，他们的子女或者留在偏僻的农村，或者在城市里非正规的学校里就读，由于缺乏时间照顾孩子，孩子们成了容易被侵害的对象，而施害者往往是被人尊重的教师、校长或者官员。

多重人格的一个中国古代著名案例是：2000多年前，燕国国王的儿子想要刺杀秦国的皇帝，他在众多刺客中选中了被视为神勇的荆轲，荆轲以卖国为由混入秦国王宫，和秦王近距离接触，他拿着匕首与秦王搏斗，不仅没有杀掉秦王，反而被秦王在逃跑过程中抽出宝剑杀死。秦王并不是武功高手，而是个腿有残疾的普通汉子。按照实际搏斗能力，荆轲可以杀死几十个秦王这种能力的人，但他在王宫里因突然胆怯而被击败。**历史学家往往着笔于荆轲的悲壮，只有红浅学可以告诉世人，荆轲强大的外表里面住着一个胆怯的可怜虫！**

普通人在饮酒、半睡、梦境和特殊情况下，也会感受到一个完全不同的自己。

比尔是个优秀而又温和的人，笑容是他标志性的特征。随着个人的成熟，比尔发现自己变得越来越善良，善良得连老鼠都不愿意杀死，最多是轰跑。有一天比尔在赶制一个方案，到了下半夜，烟抽完了，他停下工作去便利店买烟。当他经过一条黑暗的巷子时，他看到一个背着袋子、蓬头垢面的流浪汉，流浪汉正趁着夜色在垃圾箱里翻捡东西。比尔突然产生了一个冲动，他想冲上去对着流浪汉的脸猛击两拳，然后把他装到垃圾箱里！这个念头让比尔深为震撼，他用两只手按住自己狂躁的心，因为那里面住着一个魔鬼！

你不是你！

你是高尚的，你是卑鄙的；

你是善良的天使，你是恶毒的魔鬼；

你是勇敢的英雄，你是胆小的懦夫；

你是健全的，你是残缺的；

你是慷慨的善人，你是吝啬的恶棍；

你是胸怀宽广的骑士，你是睚眦必报的小人。

学会和自己对话，就是发现不同的自己，把不喜欢的我消除掉，把喜欢的我发扬光大！

什么情况下容易和自己对话？

1.在喝酒之后；

2.在经历过情绪波动之后;

3.在人生获得成功或者遭遇重大挫折的时候;

4.在梦里。

和自己对话的技巧

1.叫着自己的名字、自己比较喜欢的称呼;

2.把自己当作一个调皮的孩子;

3.以一种亲切却权威的语气;

4.用无声的语言。

尼克喝了点劣质白兰地,把自己弄得晕晕乎乎的,开始了和自己的对话:

尼克,毫无疑问你是个优秀的人,至少在拉客司机里是出类拔萃的。虽然你不修边幅,但别人看得出你是个顶级的司机。虽然你的车很破旧,后座上也有点脏,但还是有很多漂亮姑娘喜欢坐你的车。顾客们以较少的钱体会到了你的优质服务,他们在你身上得到了好处。尼克,以后吃完大蒜你可以刷刷牙吗?

对话常用语:

没关系;

不至于那样;

别人也不过如此;

算了,不要想太多;

就当是个教训吧；

男子汉能屈能伸。

聚焦能量，学会选择和放弃

尼克当了一段黑车司机后，有了深刻的心得。他发现喜欢坐摩托车的人，往往穿着比较休闲，走路比较快。他们付钱也比较爽快，不会过度讨价还价。而那些穿着比较讲究的人，那些喷着香水的人，貌似是精英的人，往往喜欢坐轿车。遇到这类人，无论是在哪里，如果主动招揽，常常会遭到拒绝，甚至遭受白眼。尼克决心遇到这种人坐车一定要开高价，以惩罚他们平时的傲慢。尼克还发现老年人和孩子们几乎不是自己的客户，老年人不坐车是因为他们内心平静，喜欢慢节奏地走路，孩子们不坐车是因为父母没有给他们坐摩托车的零花钱。还有，两个人或者携带较重物品的人往往喜欢坐轿车。

在价钱方面，尼克发现，那些打扮得油头粉面的白领们很吝啬，而且在付钱的时候，看得出他们的钱包里没几个钱。通过对顾客的分析，尼克在招揽生意时变得有的放矢，这让他节省了不少精力。

开黑车的除了有摩托车，还有轿车。尼克想和大家结成良好的关系，但这并非易事。尼克发现，轿车司机之间关系很好，但他们大多不愿理睬摩托车司机，摩托车司机之间关系较为融洽，经常会交流一些信息。还有，以前的摩托车司机开轿车后，也不愿意理睬摩托车司机。也许轿车司机们感觉比开摩托车的更高级吧。发现这个规律后，尼克不再试图交往轿车司机，转而加强了和摩托车司机们的交往。

人的精力、才能和资源都是有限的，要恰当地选择能量运用的方向。选择方向要考虑四个方面：

1.个人能力

2.外部资源

3.实现难度

4.回报收益

注意分析自己的经验，通过分析自己美好的经验，寻找这些经验产生的伴随因素。比如，某个人经常能给你带来美好的感觉，某件物品总是伴随着你的成功，那么就注意经常和这些事物联系起来。

有的人能力比较出众，而且兴趣广泛，那么就要注意区分事业方向和业余爱好。如文学、艺术和体育等领域，虽然成功后声名显赫，但是成功的概率很小，实现难度很大。比如，成为一个著名的作家，其难度远远超过成为亿万富翁，但却很难通过文学成功成为亿万富翁。

这些领域在通往成功的路上，投入的金钱、努力是一般人承受不了的。如果仅仅是把这些作为爱好，来丰富自己的生活，则是不错的选择。

比尔有一次去外地做项目，通过当地的电话交友方式认识了一位女士。他兴致勃勃地期待着浪漫激情的时刻，为了避免出现误判，他定了三个原则：首先，对方必须比较漂亮；如果不漂亮，人品好也可以；如果人品不好，花钱慷慨也可以。在一个黑暗的咖啡厅里，两个人如约见面。对方自称是个政府工作人员，对这种偷偷摸摸的约会行为很感兴趣。比尔发现她如饥似渴，但又缩手缩脚。按照既定的原则，比尔分析：这个人不漂亮，甚至说有点难看；人品不怎么样，甚至有点差；花钱不慷慨，看似很吝啬。尽管比尔很久没有这种约会了，但他还是找个借口，放弃了继续交往。

红浅学虽然是让人通过为别人注入正能量，提高别人的面子，进而来获取能量反馈，成就自己的面子，但并不倡导没有原则地挥霍自己的有限能量。

尼克从来没有富有过，但也不缺钱花，他一直有着大手大脚的习惯。自从开黑车后，他有所转变。他的钱是五美元五美元地赚来的，这和以前几千几千地赚钱完全不同。为了赚取五美元，他要带着乘客至少行驶五分钟，然后行驶五分钟回到原地。带着人穿梭在车水马龙的马路上与自己心情愉快时开车兜风是两码事，体力和精神消耗很大。感受到赚钱不易，他开始减少在外面吃饭，并准备戒烟。他再也不随意取钱，一定要开车到较远处的发卡行去提款，因为联网的提款机单笔的手续费就是五美元，正好是他拉一个客人的收入。

尼克最初开黑车只是抱着玩玩的态度，他花了几百美元买了一台二手车。车行老板是个很能蒙事的家伙，他随随便便调试了一下车子就交给了尼克。尼克很多年没玩摩托车了，对摩托车的性能也不是很了解。搭客后尼克发现自己的车很不好用，尤其是刹车，遇到紧急刹车必须用脚蹬地来辅助，几次差点出事。后来发现轮胎已经很旧，经常要补胎；后来又发现喇叭经常失灵……尼克发现车麻烦越来越多，于是他换了轮胎，换了喇叭，换了刹车，最后换了马达。他在旧车上的投资累积起来可以买台新车了。他想，干脆弄笔钱尽快买台新车。他再也不会用二手车以及任何二手电器了，除非自己是这方面的行家。

黑车赚钱并不是轻而易举。大多数摩托车每天只能赚100多美元，而轿车则能赚三四百美元。也有摩托车一天能赚200美元，但那要从早到晚忙个不停。尼克最初是在晚饭后开始工作，等到地铁闭站时，赚不到100美元。后来他从午饭后开始干，能赚150多美元。他几次坚持赚到200美元，但睡觉前算账，发现自己消费了近100美元，原因是疲劳后想喝点酒放松一下。透支身体赚来的钱又被随后花掉了。尼克决定，自己赚钱的上限不能超过150美元，这样才能利润最大化。

人生修炼：弥补自己的短板

有的人业务能力很强，但始终当不了领导；有的人很有才华，但始终难以成功。

经常可以发现一些很优秀的人，他们能力很强、威信很高，但却始终难以发挥更大的作用，原因在于其整体能力中具有致命缺陷。聪明人专门关注别人的优点，愚钝的人专门关注别人的不足。你不能要求面对的人都是聪明人。

美国管理学家彼得很早前就提出了水桶原理。水桶原理是指一个水桶想盛满水，必须每块木板都一样平齐且无破损，如果木板中有一块不齐，或者某块木板下面有破洞，这个水桶就无法盛满水。就是说一个水桶能盛多少水，并不取决于最长的木板，而是取决于最短的木板，也可称为短板效应。一个水桶无论有多高，它盛水的高度都取决于其中最低的那块木板。

根据水桶原理，每个人都有自己的长处和短处，有人欣赏的是你的长处，而有些人则专门盯着你的短处。换言之，支持一个人就是赞美他的长处，打击一个人则瞄准他的短处。一个人的长处能决定他的发展高度，而一个人的短板则能决定他的宽度。

有些人不成功不是能力不行，而是因为具有致命的短板，在重要的时候拖了后腿。有些人虽然在短期内取得了耀眼的成功，但因为短板的制约，很快又陷入了困境，这不是方法和道德的问题，而是个人素养的不足。年轻的时候，人注重发展长处，到了一定阶段则要侧重弥补自己的短板。

观察发现，大多数成功的个人或者公司，未必具有很鲜明的优势和特点，但却是没有明显缺陷的"短桶"。资源都是有限的，将有限的资源投入强化长板优势，还是投入弥补短板劣势，实在是需要智慧的。当长板优势和短板劣势差距过大时，短板劣势就会抵消长板优势，这时就变成了"破桶"。弥补短板实际上是挖掘长板的潜在价值，使长板发挥更大的作用。

年轻人喜欢为自己的短板辩护，他们喜欢把缺点当成特点来讲；中年人则安于现状，懒于变动。如果知道你的短板影响了你发财，阻碍了你升职，耽误了你恋爱，你还会容忍短板的存在吗？

如何发现自己行为习惯方面的短板呢？

1.别人经常指责你的地方就是你的短板。比如迟到、不能高效地工作、不修边幅、当众吸烟等。

2.重复出现的错误。如出现错别字、计算错误、与人发生冲突等。

如何发现能力的短板呢？

1.你专业外的知识和能力就是你的短板。比如你因数学成绩优异而考上了数学系，但在数学系里你的数学能力已经不是长处，如果这时想比其他同学更优秀，学点文科的知识，效果会更明显。

2.如果你多年一直在市场策划部门工作，策划显然是你的长处，但你强化策划的努力往往得不到更理想的收益，因为你的短板可能是缺乏销售方面的能力，如果你多关注销售方面的知识，那么你会进步更快。

3.如果工作性质与年龄相关，那么你将来期待从事的工作所要求的能力就是你的短板。比如一个20岁的漂亮姑娘参加工作，她可以胜任一个前台的工作，但如果她没有加强行政人事方面的能力培养，等她到了30岁时则无法转型为一个行政管理人员，同时也不可能继续做公司前台。一个程序员做了十年，技术上已经是炉火纯青，但必将面临精力不济的问题，毕竟这一行也是吃青春饭的。这时他面临着两个选择：一是技术上精益求精，成为这方面的专家；二是提高管理能力，成为部门的管理者。前者是发挥长板优势，后者是弥补短板，提升整体水平。

弥补了自己的短板，就相当于强化了自己的长板，为自己注入了正能量！

弥补短板的过程是个修炼的过程，是新生命开始的起点，我们一起加油吧！

过度取悦他人损害正能量

比尔在中学的时候物理成绩很好,他以优异成绩考上了某大学的物理系,但教授们呆板的教学让比尔很快丧失了对物理的兴趣。这时他开始对心理学产生了兴趣,并阅读了大量的书籍。其中《人性的弱点》对比尔影响最大,书中提到了通过赞美和倾听能让人喜欢自己的观点。比尔长期实践这个理论,但是比尔发现,别人确实不会讨厌自己,但也不会多么喜欢。一心地恭维别人,自己变成了一文不值的马屁精。更可怕的是,比尔相当长一段时间里为了取悦别人,甚至无意中把自己变成了个小丑。这在比尔参加工作后多年才有所改观。

红浅学提倡通过为别人注入正能量而期望获得对方正能量的反馈,但绝不赞同通过降低自己的正能量、压低自己的形象来取悦别人。绝不会在取悦他人的同时,让别人看低自己。

通过大量观察舞台和电视里的娱乐节目,比尔发现,那些在娱乐节目中因搞笑而著名的艺人在接受新闻访谈时都很严肃,而据他们的家人介绍,这些明星生活中都是很呆板无趣的人。比尔又观察了生活中的那些模仿明星的幽默、调侃、恶作剧的人,无不像个小丑,也无法获得周围人的尊重。这是怎么回事呢？

多年以后比尔认识到，可以抬高别人，但绝不能贬低自己。认识到这一点后，比尔发现自己的交际效果明显提高了，并获得了很多高层次人的肯定。当然，能做到这一点很不容易，分寸也不好把握，那么至少做好自己强似取悦他人。

过度愉悦他人，就沦为了小丑，如何判断自己是否是小丑？

1. 和别人在一起时，总想出搞特殊的效果，引起大家的兴趣；
2. 自己过于看重幽默，并试图时刻表现幽默；
3. 别人总喜欢采用调笑的方式与自己交流；
4. 别人不习惯和自己谈正经的事；
5. 别人不喜欢和自己谈心事或者感情；
6. 重大的事件发生后，自己是最后一个知道的。

具备以上任意三点的人，很可能就是人们心目中的小丑。

通过人生导师获得正能量

师傅是教人技能，指导其工作、学习，并传授人生之道的导师。师傅现象在以手工业为特征的农业时代比较突出。师傅和徒弟之间具有一种接近血缘的亲密关系，师傅不仅传道授业，而且会利用自身的资源为徒弟的事业铺路。体院的教练和驾校的教练的作用类似师傅,但他们是职业性的师傅,与学员有着较为清晰的利益关系,一旦利益关系结束,师徒关系也终止。

导师和老师不同,老师只是传授公共知识,但几乎不会一对一地传授专业技能或者传授人生之道,老师也不会在课堂之外和学生们发生其他的接触。学生们一直有一种误解,认为大学要对自己的前途负责,事实上,大学首先考虑的是大学自身的生存和利益,如招生数量、学校收入和教师收入,至于学生学到的东西是否有助于职业发展,则无从考量。

师徒关系在东方,尤其是在医学领域比较普遍,因为该职业更多的是依赖个人经验,而经验性知识是无法通过教科书详尽描述的。当代医学水平大幅度降低的原因是,医生们是跟着老师在重复学习书本知识,而不是跟着师傅学习实践经验。

师傅和徒弟间的关系,类似于长辈和晚辈之间的关系,师傅不仅传授技能,更会严格要求徒弟弥补短板,对徒弟的发展负责。教师和学生的关系类似于朋友,教师们利用红浅学的初级方法把师生关系搞好,收钱走人,对学生的结果并不负责。

大多数受过高等教育的人步入社会后感到不适应工作,原因就在于他们曾经有老师而无师傅。在步入一个新的领域的时候,如果有个优秀的师傅,就会在这个领域如鱼得水。如果在进入大学或者刚参加工作时,年轻人遇到一位可以信赖的师傅,那么他的人生会顺利很多。

拜师傅的好处:
1.可以获得师傅无保留的技能传授;
2.可以获得师傅关于该领域的个人经验和发展指导;
3.可以通过师傅迅速进入一个关系较为亲密、值得信赖的社交圈子;
4.可以通过师傅获得难得的机会。

如何能拜到好师傅:
1.诚心尊重,放低自己的姿态,表现敬意。有人想来拜师,是对该人的一种极度认可,他会很高兴的;
2.多投入一点资金。假如培训班的学费是100美元,你愿意另外投入500美元结交教练,那他有可能成为你的师傅;
3.如果没有经济条件,多投入一点时间。投入一点时间,陪陪老师,帮他干些零活儿,可以迅速让他对你产生好感;
4.通过别人介绍。对于成功者而言,收徒弟是很严肃的,在某些行业很注重仪式,这种仪式感有利于体现师徒关系的严肃性。通过有分量的中间人介绍,会增加拜师的成功率。

师傅未必是最成功的人,但应该是比较资深的人。尽管他没有达到巅峰状态,但见多识广,能够看出徒弟的长板和短板,帮助徒弟迅速提高。

如果不拜师,也要有徒弟心态。很多资深的人有许多值得你学习的东西,但彼此并没有建立深入交流的关系。其实,如果在合适的时机,向成功者认真请教,他们会认真指导你的。

比尔在一家公司做市场经理的时候,为了宣传企业,请了个记者采访老板。在采访快结束时,记者问起了老板的第一桶金是怎么赚的。比尔发现老板很兴奋,兴致勃勃地讲了半天。这让比尔印象深刻。后来,比尔开始做咨询业,有机会接触很多成功人士。他在恰当的时候,常常会询问对方的成功之道,大多数人都会很愿意探讨这个问题。比尔想,成功的经历是每个人的宝贵精神财富,和客户探讨成功的经验,实际上对客户也是件美好的事。

请教的时机:

1.在相对安静、封闭的空间,不适合在喧哗的大庭广众之下,也不适合在空旷的马路上;

2.适合在共同旅行乘坐交通工具的时候,适合在吃饭喝酒的场合;

3.适合在有相同话题的前提下,如谈到商业话题,顺便请教如何成功;

4.不适合在多层权力架构的情况下,如总经理在场的时候,不适合向副总经理请教人生之道和商业之道,也不适合向总经理请教。

培养一个受益终生的好习惯

比尔是个喜欢研究成功者却不大喜欢成功的人，他在多年的工作过程中，遇到过很多在商业上很成功的人。他发现这些成功者并不是因为聪明，他们的智商甚至比普通人还低。他们有个共同的特点——精力比较充沛。比尔更深一步地想，他们精力充沛，则意味着他们更愿意行动，他们更有效率，更愿意冒险，同时更能承受压力而毫无怨言。

现实中人们有很多的心理问题，这些所谓的心理问题往往与健康有关。人是因为身体不健康，产生了不良的情绪，进而形成了相对固定的心理模式。很多心理问题可以通过行为和运动方式来改变。

有了良好的习惯，人的剩余能量就得以宣泄，就不会产生负面情绪，也无力从事其他有害活动，如赌博、酗酒、吸烟、游戏等。在从事有益活动时，自我的评价上升。这些都有助于提升正能量。

培养一种运动爱好

有的人天生就有良好的体质，身体强壮，神采奕奕，有的人则需要通过运动来达到。在年轻时有多年职业军人经历的人，会终生享受严格的体能训练带来的健康收益。但职业运动员在退役后并不一定会从运动经历中获益，因为教练们为了竞赛获胜，让他们进行了过度的体能透支，有的甚至服用药品。很多人在大学时代保持着良好的运动习惯，当离开校园后，特别是结婚后，运动频率大幅度减少，主要是失去了运动的客观条件和社会气氛。

运动的目的不是为了让自己的肌肉变得更加发达，或者跑步的距离更长，而是让自己的精力更充沛，使自己的生活更加快乐，让人生充满幸福感。如果没有达到这个目的，那必须重新来检讨自己的运动方法。目前健身房里有很多运动项目，其运动效果是要重新评价的。

腿部运动

长跑是一种人类误解最深的运动，却是从事人数最多的运动。长跑虽然可以锻炼心肺功能和耐力，但是能量消耗巨大，相当于从事重体力劳动，是对生命的严重透支。经常长跑的人浑身精瘦，无精打采。长跑也无助于培养爆发力，很难从中获益。有的人坚持每天长跑十公里，但是在很早的时候身体就会垮掉。中国仅有的两位长跑奥运冠军，在退役后从来没有跑过一次。

较为理想的运动方式是短跑、慢跑和走路的混合跑，如果每次运动在20分钟左右，运动效果会非常理想。

散步是一种中年人或者是不常运动者采用的方式，可以消耗过剩能量，促进气血循环，但对于心肺功能和爆发力的提高则不明显。

疾走不同于散步，对心肺功能和爆发力有一定的提高。

综合运动

羽毛球和篮球都是比较不错的运动，对于爆发力和心肺功能都有很大提高，但要求条件较高，不适于经常坚持。原因在于，这两项运动都需要一定的环境和伙伴，而且其运动量很难把握，对于不常运动者，会带来猝死的危险。

健身操是一种比较安全、方便的健身方式，对心肺功能有一定的提高，但不会显著提高爆发力。重要的是，消耗体力不大，不会影响工作。这是其他运动所不具有的优势。

洗澡

洗澡，能清除汗垢油污，消除疲劳，舒筋活血，改善睡眠，提高皮肤的新陈代谢功能和抗病力。洗澡过去仅仅被当成一种卫生方式，其健身效果被人所忽视。简单想想，通过不同的水温，就可以调节身体的热量状态，这是件多么神奇的事情。而调节身体体温，本身就是很多疾病的治疗方法。

洗澡不同于身体擦拭，擦拭仅仅是调节表皮体温，而洗澡则可以调节深层体温。

东方人喜欢在晚上洗澡，这是为了清洁；西方人喜欢在早晨洗澡，这是为了提高神经兴奋性。但如果你看到有人一天洗三次澡，你要对他刮目相看，他绝对是个充满活力的正能量载体。

洗热水澡是普通的方式，有挑战性的是洗冷水澡，但现在更时尚的是洗热冷浴。

热冷浴

热冷浴的方法：每天就寝前用热水洗澡，水的温度以身体能够忍受为限。洗好后就在热水中"睡"15分钟。出浴后照例会出一身大汗，过3~4分钟后，再进入冷水盆或用冷水淋浴。注意，热冷浴必须"先热后冷"。

先热后冷洗澡法的好处：

第一，用热水洗澡时，全身汗毛孔扩张，身体里面的脏东西随着汗排出体外；第二，热水使血液通畅，促进了新陈代谢，使人神清气爽；第三，全身血管因洗热水澡而扩张，又因洗冷水澡而收缩。血管这样一张一缩，增强了弹性，不易硬化。

对于大多数不需要过于强健的人，仅仅通过散步、健身操和热冷浴就可以达到很好的健身效果，并进入良好的生活状态。

成功的诀窍是树立短期目标

比尔读大学的时候，每到假期他都会到图书馆里借来一堆书，准备在家里利用假期发奋阅读，但每次都是原封不动地背回来，计划没有实现。原因在于这些书并不是他真心想看的，而是他认为重要的。还有，面对十多部大部头的书，感觉压力很大，没有勇气翻开第一页。

树立目标的意义：

能够集中精力，避免被其他事情冲淡，把精力用于最重要的事情上；

能够安排时间进程，避免耽搁或者太过匆忙；

树立目标可以使自己投入更多精力，提升效率。

树立简单容易达成的目标，好处在于：

能够较快、轻松地完成，让自己体会成功的感受，享受成功的成果，为自己注入正能量；

阶段性的成功为下一阶段的行动奠定基础；

经常性的成功会增强自信，为自己注入持续的正能量。

不要树立过难的目标，比如戒烟、减肥等目标

不排除有些人确实在短期内完成了戒烟或者减肥等目标，但大多数人无法达到，有的人甚至戒烟、减肥行动持续了十多年也没有结果，也有的人虽然一时达成了目标，随后又恢复了原态。原因在于，吸烟和肥胖往往是个人生活状态异常的表现形式，如果不消除精神压力，而一味追求对表象进行改变，其实是很不容易的。

不要设立竞争性的目标

设立考试要考第一的目标是愚蠢的，你可以设定自己成绩要考多少分，然后尽力而为就可以了，你在努力的过程中无法左右别人的努力行为，唯有自己做到最好，至于最终第几无法控制。想要富有，树立成为世界首富的目标同样愚蠢，你的目标应该是让自己更加富有，而不是和比尔·盖茨比金钱数字，你可以为自己设定一个具体的财富数字，但千万不要以超过某人为目标，否则，无论实现与否，你都不会真正快乐。

不设立竞争性目标的另一个原因在于，有的人天生不适应竞争，一旦把自己置于竞争性和敌对性环境中，其发挥水平反而不如平时。

不要设立理想化的目标

设立理想化的目标，只是听起来不错，自我感觉很好，但几乎没有成功的希望，也就缺乏行动的诚意。

电视里一个刚刚毕业的学生接受记者采访，她说自己的理想是在首都买套200平方米的大房子，把母亲接到首都来住。其实，按照她的当前收入，一年连1平方米房子都买不到。这时她的目标缺乏理性思考，完全是一厢情愿。她应该设定的目标是买个30平方米的小房子，把自己安顿下来。

寻找生命价值基因

树立人生价值而非人生目标

树立人生目标是件不可靠的事情，因为人并不了解真正的自己，也不一定知道自己真正追求的什么，人的很多目标是受环境影响而盲目设定的。回首以往设定的目标，人们会不由自主地感到可笑。事实上，树立人生目标不如设立人生价值观。

追寻内心的声音

比尔在一家著名的咨询公司工作的时候，他的高级助理是个很有事业心的高个儿美女。她毕业于某大学艺术系，是个虔诚的基督徒，一有机会她就会劝说别人信奉上帝。然而像比尔这样才华横溢的人，和许多大人物一样，都是自然神论者，不大会接受她的世界观。比尔通过观察，觉得她的艺术天赋很有限，也没有什么大的艺术追求，很奇怪她为什么要进入艺术系学习。通过沟通比尔知道，当时她进入艺术系并花费高额学费，是以为可以成为艺术家或者明星，但事实和理想相差很远。比尔进一步挖掘她内心的真实想法，其实她想做一个成功的小生意人，而她的父母就是小生意人。

很多人在年幼时被问及理想，但他们并不知道自己真正想要成为什么样的人，他们大多会根据社会的热点，来把当时最荣耀的职业作为自己的理想。比如，有的人要成为军人、警察、政治家和科学家，或者成为公司老板、作家、影星等。这些人生目标其实具有很强的功利性和非自主性。

比尔做过很多工作，第一份工作是最稳定、最安逸的。但比尔并不后悔，因为他追寻着内心的声音而行走。比尔小的时候内心憧憬着自己未来的生活，他会想象自己穿着一个沾满油污的旧棉衣，是个好看的工程师，和几个穿着工作服的工人说笑着走在工厂里，似乎自己的笑话深深吸引着身边的工友。

这个憧憬的画面多年来萦绕在比尔的脑海里，不曾忘记。比尔虽然后来成为理科大学生，但几乎没有在工厂里工作过，一直从事的是管理类工作，但比尔不认为自己背叛了当初的梦想。他的梦想其实蕴含着一些有价值的信息，比如，自己穿着沾满油污的棉衣而不是整洁的工作服，意味着自己在人群中追求独特性，不喜欢从众；油污代表自己不拘一格，不受外界观点左右，甚至挑战原则；自己说笑吸引工友，则意味着自己希望成为佼佼者；自己的样子是好看的，意味着追求完美。具体的场景已经不重要，但透露出的本质信息却不会改变。

树立人生价值

通过倾听内心的声音，树立自己人生的价值观。比如，比尔的价值观就是出类拔萃，蔑视规则，不受约束，追求完美。当然，他的价值观比较复杂，难度也较高。而他的高级助理的价值观则是通过比较轻松的方式，实现个人财务自由。两者有显著的不同，比尔一定是要显示出自己的优秀和完美，并无视规则，但并没有金钱和权力的诉求，而高级助理则是通过轻松的方式赚点小钱。

人生价值观决定了个人的行为方式和战略选择。 比尔分析了助理的人生价值观后，判断她不可能在事业上有更多追求，可能也不会长期在职场上发展，很可能会选个经商的男友一起去创业。所以，比尔就不继续在专业上对她抱有较高期望了。

红浅学认为，了解了自己的人生价值观，就会理解以往的行事方式，不会埋怨、否定自己，更懂得欣赏自己，学会和自己对话，也更加确定了以后的做事原则和目标。这样就强化了自己的行动效果，减少了能量自耗，相当于补充了正能量。

比尔曾经有过很多好的工作机会，表现也很优秀，所以和他一起工作过的人都认为他很成功，应该赚了很多钱，但是比尔真的没有赚到钱。经常换工作的人怎么能发达呢！但比尔学会不再后悔，因为这是价值基因在起作用。

认清了自己的价值体系，并不意味着这些价值会实现，价值体系仅仅是确定了目标和方式，还需要方法、持续努力和外部条件。比尔还没达到令人尊重的出类拔萃，她的助理也还没有实现财务自由。

生命价值基因并不一定有助于你成功或者幸福，有的甚至相反。了解了价值体系之后，要根据自己的目标，利用理性来克制一些不利的价值观。

比如，不把金钱和权力作为唯一的价值指标。

第四篇　帮助别人提升形象

个人形象即生命的社会价值体现，形象的毁灭有时会导致生命的终结。形象的大小是自身在别人心目中的地位，也即公众影响力。把提升形象作为一个主要方法，是浅原则的重点运用。

帮助别人提升形象，相当于帮助别人提高社会价值和社会生命。

根据红浅学模仿原理，当为别人提升形象时，对方会自然回馈，帮助自己提升形象，即通过帮助别人提升形象间接提升自己的形象。

帮助别人提升形象，有助于建立和谐的社会气氛，营造互利互助的社会风气。

*帮助别人提升形象，在职场、娱乐界见效明显，是热衷于权力和影响者极有效的成功途径。

形象就是生命

在法制落后的国度，司法机关具有公审罪犯的做法。这样一来可以显示司法机关的威严，另外可以起到震慑罪犯、普及法制观念的作用。公审一般是把罪犯装在卡车里游街，或者动员学生去观摩。罪犯们在游街的过程中，如果遇到熟人，往往会很友好地示意。有的死刑犯（有的甚至后来证明是冤枉的）在车上不仅毫不沮丧，而且还会面带微笑地哼哼着歌曲。这并非是他们没有感到失败、沮丧、恐惧和自卑，而是想试图证明自己没有失败，想把自己最后的、最好的印象留给世界。

随着电视和动画片的普及，人们对作品中的人物进行潜移默化的模仿，人们更加擅长展示自己美好的状态，但这并不意味着当代人的生存状态更加良好。人们在相机、摄影机面前表现出的神态和生活中的并不一致，在网络上的留言也并非他们真正的心声，都是人们为了情境需要而做出的自认为最合理的表现。

当幼儿发现自己被别人关注和欣赏的时候，会自动地做出可爱的表情。在灾难中受伤的孩子，当发现有人注视他时，他会不由自主地表现出很洒脱的样子。生活中很失败的人，彼此见面后也会热情高调地彼此招呼，表现出很欢乐的样子。收入很低的人，在节日里也会买几包好烟，招待亲朋好友，或者馈赠超越其收入水平的昂贵礼物。人们似乎都在营造和享受这虚幻的成功，而不愿呈现真实的一面。

热情、积极、主动的三项原则

世界上大多数人是冷漠、消极、被动的，而热情、积极、主动的人才是红浅学极力塑造的。

热情

热情指人参与活动或对待别人所表现出来的热烈、友好的情感或态度。热情的反义词是冷漠。冷漠的人待人爱答不理，热情的人主动关心帮忙。热情是一个人态度、兴趣的表现。

热情的前提是关注，关注的反面就是忽视。每个人都是与众不同的，但彼此间的差别并不显著，人们大多数情况下是被淹没在人海里的。能被别人识别出来并给予关注，这是个体社会价值的体现，是有面子的体现。

当一个人出现在一个新的场合，能被他人关注，并感到他人的热情时，这会使他感到温暖。反之，如果别人视若无物，或者态度冷淡，自己则感觉很没有面子。有些有心理素质缺陷的人会对冷淡采取攻击性行为，引发紧张局面。政治家们深谙此道，他们会选择一定的时间深入到普通家庭中去，和普通人热情地交谈，通过热情缩短距离，赢得普通人的支持和好感。

热情能够给人带来快乐，使人感受到自己被尊重，感受到他人对自己的重视。对于处于困难时期，或者社会地位低下的人，热情甚至能让他们感受到存在的意义。

有个机关新来了一位男大学生，他毕业于名校，才华横溢，英俊潇洒，姑娘们都把他视为白马王子。人们认为，他一定会和机关里最漂亮的女孩成为伴侣，但出乎众人意料，后来他却和一个很普通的女孩谈起了恋爱。这个普通女孩之所以能够得到这份爱情，是因为她对这位白马王子能够保持持续的热情，并采取适当的行动。在现实生活中，这种情况也很常见，外表优秀的男人找到的女朋友往往不漂亮，漂亮女人的男朋友外表形象很普通。更不可思议的是，高个儿女孩挎着比她矮的男士在马路上亲密散步。出现这些颠覆人们常识的现象，是因为外表条件较差的一方，在两人关系中表现出更加强烈和持久的热情。

热情对于婴儿十分重要，如果婴儿不能得到成人的热情对待，那么会产生失落感和恐惧感，影响生理发育。尤其是孤儿院的孩子，不仅需要物质帮助，同样需要关注和热情。

实现热情其实十分简单，只要愿意人人可以做到：

　　1.首先对人产生关注；

　　2.充满热情地打招呼；

3.表现出快乐和欢迎的姿态；

4.称呼他喜欢的称号，或者称呼他的小名；

5.简单微笑或者做个鬼脸；

6.其他在行动上的热情。

积极

积极是正面的意思，是一种建设性的、善意的态度，相反的则是消极的、负面的，是破坏性的态度。

积极是热情的持续，热情是积极的前奏。一个长期保持积极态度的人，是充满正能量的人，能够使周围的人如沐春风。而对特定对象有积极的态度，会使对方感到十分快乐，并对未来充满信心。

热情只是在人们短暂接触中发挥作用，而持续交往的质量则取决于积极。热情可以使人认识很多人，而积极则能让人交到很多真正的朋友。在热恋时，情侣间不缺乏热情，但在平淡相处的时间里，有的人会愈处愈浓，多年的夫妻依然像情侣般依恋，而有的夫妻则味同嚼蜡，度过蜜月就进入冷战。

热情很容易模仿，但是积极却是一门修养。很多热情的人恰恰缺乏积极，甚至二者成反比。短暂的热情之后伴以长久的消极，这是人们经常遇到的场景。而红浅学更鼓励积极的态度。

在官场和职场，积极的人往往是最有发展潜力的，那些在组织里身居高位的往往都是很积极的人。很多有才华的人经常怀才不遇，原因是缺乏积极态度。一个老板在面试下属的时候，可能第一眼打动他的是眼神，透露着积极的眼神远比语言更能打动老板。

积极分为常态积极和特定积极，前者是一种习惯，甚至是一种人生态度，像阳光一样普照大地，这是积极的人；后者是针对特定对象，出于某种原因或者某种目的而特意设定的。特定积极常常表现在对一个人的特别喜欢和珍重方面，如恋人等。

试想，如果你说什么，对方都积极回应；你想做什么，对方都积极辅助；你有什么需求，对方都竭力满足——这样的人，你能不喜欢吗？

主动

主动是指自愿地、自动地采取行动，产生有利的局面，使事情按照自己的意图进行。主动是自发地为别人做事，或者向有利于密切关系的方向采取行动。

很多人因为朋友聚会而相识，如果见面时你索取了对方的电话，这是主动；很多人见面后可能彼此不再联系，如果你邀请对方见面或者吃饭，这就是主动。

主动意味着推动和主导，世界上大多数人是被动的，需要别人来推动。很多漂亮的姑娘嫁给了平庸的男人，原因之一是追求她们的男孩是主动的。她们选择的人不是最优秀的，而是最迫切得到她们的。

在工作中，主动的人会做些不属于自己的工作，具有一定的奉献精神。获得巨大商业成功和社会地位的人，都是具有强烈主动精神的推动者。

一个学历很低的女孩进入了一家大型广告公司，成了市场部的助理。因为她不具备相应的办公技能，负责人几乎不给她安排工作。她觉得这样下去会影响自己的发展，于是主动要求帮助其他部门的同事做事。同事们下班后，她留下来帮助他们完成工作，每天都很晚才下班。时间不长，她就熟悉了公司各个部门的工作，办公技能也在别人的帮助下得以提高。她经常加班引起了总裁的注意，总裁了解真实情况后对她刮目相看。她迅速成了公司里的红人，一年的时间里工资涨了两倍。

热情、积极、主动，是三种累进的状态，如果说热情是65分，那么积极是80分，而主动是90分。

王后被部下调戏，国王没有翻脸

在现实中，难免会有人彼此伤害，但事情过后施害者也会反思，并采取弥补手段，会通过其他方式来补偿对方。

中国古代有一个著名的故事，说明了面子的重要性：

一位国王娶了一位美丽的王后，一个晚上，他带着王后宴请自己的将军，宴会上大家非常尽兴，每个人都喝了很多酒，大家载歌载舞，乐作一团。到了深夜，灯油突然烧干了，房间里一片漆黑，大家顿时不知所以然。过了一会儿，仆人重新把灯点燃，君臣都回到了自己的位置。王后悄悄地对国王说，黑暗中有人对她非礼，她顺手抓住了那个人的头巾，希望国王去惩罚那个无礼的人。国王没有回答，而是走到灯前把那条头巾烧掉了。

不久，王国发生战争，战斗中国王发现一位将军非常勇敢，拼死杀敌，立下战功。国王为他授奖，他坚决不受。他说自己就是那个漆黑的夜晚非礼王后的人，国王没有怪罪他。他的生命已经不属于自己了。

比尔在一家跨国公司做策划总监时，他和总经理关系非常好。比尔是那种非常有办法的人，总经理的意图总是能被他贯彻得很好，他备受欣赏，是总经理最看重的人。但总经理骄傲跋扈，并为个人利益不顾他人死活。到了年底，按照公司惯例，员工应该多发两个月的薪水作为年终奖。但总经理为了降低费用，提升财务业绩，说员工们是年薪制，比尔的部门没有年终奖。比尔非常气愤，新年过后他就提出了辞职。总经理看比尔拆自己的台，就在比尔离职时设置障碍，克扣了比尔一部分钱。比尔非常气愤，他利用一天的时间，写了一封检举信，把总经理弄虚作假的行为写得淋漓尽致，写完后他利用公司网络发给了董事长，并群发给了各部门的负责人。董事长看完后，转发给了总经理，总经理狼狈不堪，过了两个月被迫离开了公司。

比尔算是出了一口气，同事们对他也十分钦佩，公司的其他高管对比尔更加高看一眼，但比尔并没有得到任何实质利益。几年过去后，他开始反思这件事：如果当时不辞职是不是更好？那封检举信是否可以不写呢？

有位著名的脱口秀主持人在成名前生活非常坎坷，他的才华被一位歌剧艺术家欣赏，这位艺术家成为他的经纪人，并通过商业运作，为其打造了一个剧场脱口秀舞台节目，使其成为最著名的脱口秀主持人。这位主持人成名后，随之而来的是各种商业机会，尤其是电视台纷纷要求与其合作，在新的商业项目合作方式上两个人产生了分歧，因为无法均衡双方的利益，最后分道扬镳。两个人的合作带来了巨大的成功，而分手也成了轰动一时的新闻。后来，这位主持人在电视节目主持中取得成功，但在剧场脱口秀方面却每况愈下，完全没有了当初的神韵，这是因为缺乏了艺术家后台的支撑。没有了舞台脱口秀的演出支持，其主持的电视节目也没有了起初的精彩。

人与人难免发生矛盾，如果迫于面子、出于情绪或者为了当前利益，而与对方通过语言或者行为发生针对性的决裂，尽管当时畅快，但两个人的关系也就彻底终止，从此成为陌路，甚至是敌人。

一般而言，能和自己发生激烈冲突的人，往往是和自己关系比较密切，甚至利益相关的人，决裂的结果是自己永远失去了一位可以依赖、可以合作的对象，从短期看是合情合理的，从长期看则是得不偿失的败笔。

人们在决裂时，想到的是对方对自己的不利；而时过境迁后，则会怀念对方的好处，甚至对当初的激烈行为感到悔恨。但决裂后的关系很难修复，就像一面镜子被打碎后永远无法复原一样。因此，哪怕对方不利于你，如果不是伤及根本，最好不要彻底决裂，翻脸之后，难续前缘。

多年后，比尔反思自己当初的决裂行为，他认为是年轻气盛的莽撞之举，他想到了总经理曾经给予他的一些机会，包括为他在公司树立威信。如果当初不决裂，他们一定还会是很好的朋友，并在事业上会有很多的合作。

认同原则：假定正确

认同是指在交谈中，**假定对方说的都是有道理的，话题是有价值的**，围绕着他的话题和他的主题展开对话。

这样做的原因是：

1.珍惜每次交流机会，因为只有通过交流才能密切双方的关系，让对方对你产生好感；

2.对方主动发起话题，说明他对这个话题很有兴趣，于此交流会使沟通变得深入，产生良好的效果；

3.如果觉得这个话题没意思，断然否定，或者不理不睬，没有满足对方的表达欲，对方会认为你对他不够尊重，不够热情；

4.如果自己主动发起话题，对方不一定感兴趣，交流效果大多不理想；

5.如果你有意识地习惯认同别人，根据红浅学模仿原理，别人也会习惯于认同你，无形中你多了一个好友。

有一个著名的女作家，嫁给了一个相恋多年的电视台编剧。她三十多岁的时候，把自己的婚姻生活和育儿经历写成一本书，获得了读者的好评。她才华横溢，美丽动人，生活美满，在人们心目中是个幸福完美的标本。然而在她四十多岁的时候却离婚了，这让人们大感意外。离婚的原因是，她和丈夫沟通不畅，每当她兴高采烈地表达的时候，丈夫总是泼冷水，提出反对意见，这让她感到生活很压抑。

当发起一个话题的时候，人们并不是期待被批评、被纠正，而是希望赢得大家的关注和认同，甚至欢呼和掌声，通过良好的反馈来增强自己的正能量，赢得面子。红浅学提倡顺应对方的期望，为其注入正能量，帮助其树立形象，维护面子。

一般的保险业务员都是主动地向每个陌生人宣传保险知识，试图建立亲密关系，这让人往往躲之不及。比尔在咨询公司做顾问的时候，他见识到了两个最高明的保险推销员。他们两家的办公室同处一层，他们在楼梯间吸烟的时候，会经常见面。其中一个比较和善，比尔见过几次之后，发现他和以往的保险推销员不同。一般的推销员都是急切地想了解别人的个人情况，并试图迅速建立关系。而这个人几乎从来不谈保险，只是聊些无关的事情，比尔和他很快建立了很好的关系。比尔发现他从来不主动发起话题，但是却对比尔的话题充满了热情。他并不显示出多么高明，只是非常有效地回答彼尔的问题，对比尔发起的话题表示足够认真的关注。他从不主动想表达什么，而是帮助别人来表达。比尔对他太喜欢了，出于对他的好感，比尔甚至主动向他咨询了有关保险方面的问题。假如当时比尔有保险的需求，他一定会找这个人合作。

如果习惯于漠视别人的话题，或者喜欢纠正，甚至批评别人，无形中成了别人的眼中钉，仇恨已经在悄悄地酝酿了。

如果你习惯于不认同别人，那么你会发现，在你说话的时候，别人会经常打断你的话，或者唱反调。

认同原则会导致丧失原则吗？答案是不会。

1.我们大多数情况的谈话不会产生实际意义，正确与否后果仅局限于聊天而已；

2.即使对方发起的是个严肃、现实的话题，在最初的时候利用认同原则也会拉近双方的距离，便于进一步沟通、商谈。

认同原则并不是任何时刻都可以运用，如果对方的话确实很无聊，没有价值，或者双方已经很熟悉，那么只需要和他应付一下就可以了：

1.确实这样！

2.很难讲!
3.怎么会这样呢?
4.有点意思!
5.呵呵!

顺同原则:让别人的意志得以发挥

顺同就是顺从别人的意志,赞同别人的观点,听从别人的建议或指示。顺同别人的意志或者听从别人的建议,未必会有最好的结果,也未必最符合对方的利益,但却是最轻松、最不容易招致反感的方法。赞同别人的观点则容易让对方感到自我满足,并把你引为知己。

顺同的好处

1.顺同别人,你不需要去反对别人、阻止别人,也不需要再绞尽脑汁想个更好的办法,事情变得简单了;

2.按照别人的主张说话、做事,对方会感到很开心,不管有没有做,或者进行到何种程度,很多事情也仅仅是谈谈而已,未必真正实施;

3.顺同别人的过程中,别人会全力以赴地和你同步行动,否则,别人可能会对你要做的事情冷漠、反对。顺同别人,实际上是一次高效的沟通与合作的过程;

4.如果出了问题，对方不会有怨言，并会更主动地承担责任。

比尔一次带着一个小同事去外地见客户，他知道这个小同事是董事长的侄子，所以比较小心。一路上，小同事非常客气。比尔和他商量坐什么交通工具，什么时间出发，他只是说："你来决定！"比尔和他商量住在什么样的酒店里，他淡淡地说："你来决定！"比尔和他商量给客户买什么样的礼物，他说："你来决定！"比尔感到和他在一起非常轻松、舒心。比尔觉得他并不是没有主见，只是比较尊重自己，比较懂得人情世故。

比尔虽然情商不高，但他很会识别有长处的人。在吃饭时，比尔和他商量吃什么菜，小同事说："你来决定！"比尔笑了，他坚定地说："你必须点两个菜，我不能代表你的胃口！如果你吃得不开心，我的心情就不会好。"

顺同也不是无原则地听从他人，如果他人强迫向你灌输自己厌恶的理念，或者要求你做一件自己不想做的事情，那就当时假装应承下来，过后不去理会。

顺同原则对话案例：

世界作家：伟哥吉祥，最近来得少了，伟哥！

大伟：感冒十天！

世界作家：哎，保重龙体啊！

大伟：几十年来没这么严重感冒过，每年如果有，也是意思一下，半天或者一夜就没事了。这次倒是体会了一下完整过程，关键是脑袋瓜疼。

世界作家：哦，这个体验常人难以企及。

大伟：近十来年，未有一粒药入口。

世界作家：伟哥体魄超常啊。

大伟：这次药片吃了五六种。上周开始感冒时，没当回事，到第四天时才吃了点牛黄解毒片，没想当晚浑身发冷，直哆嗦。

世界作家：窃以为，最便宜的感冒通效果极佳。

大伟：连着躺了三天。

世界作家：小病养大了。

大伟：窃以为，平时总不感冒，真感冒一回也会很严重，就如平时一直清白，冷不丁贪腐一把，也可能规模很大。

世界作家：当是排毒了！现在贵体康复了吧？

大伟：39.6℃。

世界作家：吃点雪糕降内火。

大伟：今天中午身体还这个温度，吃布洛芬退烧，现在能上网，但感觉没什么大问题了。

世界作家：头昏不？

大伟：剧痛，还像爆闪灯一样来回闪着疼。

世界作家：这种状况很少遇到啊。你西药吃太多了！

王敏：伟哥咋了？

大伟：有两天晚上都想卸掉放一放，后来采取了较笨的方式，把脑袋从枕头上拿下来，把屁股放上去，就是坐着。王敏好，正在汇报这几天我感冒的事呢！

大伟：西药没吃多，至今集中加起来，不超过20片，我有点毛病向来不吃药的。

世界作家：伟哥天天锻炼吧？

大伟：这次老婆们都告诉我打吊针，我坚决不去。

王敏：只能吹，还"老婆们"！

大伟：两个以上用复数。

王敏：这几天我一个老婆都不在身边了。

大伟：上帝在伊甸园就说按我们的形象造人，用的就是复数，所以上帝是个团队。

世界作家：伟哥威武，有底蕴！学贯中西啊。

大伟：不行，我就是看些杂书，每天胡说而已。

王敏：说小了，伟兄是学贯上下左右四方和古往今来。

大伟：知识杂了就只能简单说说，就如情人多了只能简单临幸一样。

世界作家：我小时候家境不好，没接触西方文学，以至于长期被人蒙骗，我还窃喜，以为国学深厚。

王敏：老兄肯定把自己当成中国文化的传承人了。

世界作家：把自己当成中兴中华文化的巨擘了。

大伟：无论什么知识，能学以致用就行了，我用在聊天上没啥用。

王敏：其实也没什么。西方说的和东方说的差不多，历史发展到这个时候就互通了。

世界作家：有道理。

王敏：有些时候说的是一个事，只是表达方式不同而已。你看叔本华、霍克海默、卡夫卡等，他们说的在中国都能找到。

大伟：但有些东西知道得太精准反而不行，我看过一些侦探小说，明显胡编，我还真编不出来。

世界作家：半通不通效果最好，无知才能无畏。

王敏：人类和个体的发展一样。

大伟：这几天睡不着听艾宝良播讲的悬疑小说《大悬疑》，里面刑警队长就和女法医一起办系列命案，他俩办别的我信，办案，这根本不符合逻辑！

王敏：就是说人类和人一样，到十几岁的时候就懂点性了，哈哈，哈哈。

世界作家：性有些无师自通啊。

王敏：所以东西方没啥大的区别。

大伟：是不是有首歌唱"性朦胧，鸟朦胧"？

世界作家：大伟，小说是一种心理暗示，听者被带入就算成功了。

大伟：是呀，这部小说在"榕树下"和网上有很多读者和听众。但是这种不符合逻辑的描述，难免会导致具体情节的不可信。警匪文学国内最好的是张成功的《黑冰》，陈道明演的那个，还有武和平那个《918大案》，再无出其右者。我认为文学作品中的故事现实中不一定存在，但一定可能存在。

世界作家：我看电影时发现，太多巧合根本不可能，但是不由自主地被吸引看下去了，其实理性这时作用不大了。

大伟：即使是科幻小说也要有那个世界的合理逻辑。

世界作家：还有，看《百年孤独》，我发现小说内容或故事没什么大不了，但就被扯淡吸引下去了。等看完后，你再骂作者胡诌已经没用了，因为他已经达成了忽悠读者的使命。

大伟：你再看看阿根廷的电影《潘神的迷宫》。

王敏：我倒觉得我们的生活，或我们的人生是由偶然构成的，也是由必然构成的，我从来不把偶然和必然分得太清。

大伟：必然是主干，偶然是树杈，能不能这样说？有时还互相转换，互相影响，互相依存。

世界作家：偶然，是因为人们没有认识其逻辑。

大伟：你说的是偶然其实是必然，你没认识到必然之前见到的是偶然？

世界作家：嗯，偶然是在某一特定时空里的感观吧。

大伟：哎呀，我们开始存在于虚无了！

世界作家：哎呀，和两位仁兄谈到深处，浑身汗毛都立起来了！

大伟：哲学这玩意儿真说不明白！

王敏：啥也别说了，只要一句"We are being now"就成了。

世界作家：王兄英文了得？

王敏：我是因为有时用汉语表达不清就想到了英语，但我用得很严格！

世界作家：根基好呀！

大伟：你明知道我只会美国英语，不会英国英语！

王敏：我大学时努力学习外语的原因是我的老师喜欢我，她和我母亲同岁，每年都给我过生日，我不好意思不好好学，但现在已经忘得差不多了。

世界作家：为了面子和人情也能学好一门课，多学了一些知识！

王敏：呵呵，是的。有时动力或压力来自多方面。

大伟：很多因素都能成为成就一种事或破坏一种事的动力。

世界作家：老师对孩子的态度太重要了。

大伟：对，行为上和观念上的影响甚至是一生的。

王敏：我在学校的时候一直是老师眼中的好学生，他们很宠我，哪怕我有什么缺点也表示欣赏。

世界作家：你这么可爱，有什么诀窍？

王敏：一方面听话，另一方面任性，但老师要我达到的目标我一定会达到。

世界作家：关键是争气，又有性格，这是最佳组合。王兄的人生必定是一路得意啊！

王敏：可惜教我写小说的老师故去了。

世界作家：因为你已经超过他，他可以放心驾鹤西游了。

王敏：并非一路得意，后来参加工作了，在社会上，单位的领导和老师是两码事。

大伟：为什么老师喜欢金光闪闪的学习好的孩子，因为这金子都贴在老师的脸上，相反，对道德好，对综合实力好的孩子则不看重，因为这些金光现在还闪不出来，贴不到老师脸上。

王敏：但这时我已经改不过来了，和领导任性是要吃亏的。我就吃了这方面的亏。

世界作家：在单位上要会站队，会送礼。大学生都以为自己第一，结果后来领导就敬而远之了。

大伟：为什么老师需要极高的素质和知识结构，就是因为老师担负的不是急功近利的事。

王敏：我们和老师的感情很单纯，领导就不行。

大伟：老师是从粗到细不断加工毛坯的，要有识料的眼力、用料的仔细。

王敏：领导则是合规格的用之，不合规格的弃之或毁之。

世界作家：老师是厨师，领导是食客，顾客可是得罪不起食客的。

王敏：这里的关键是把自己交给自己。领导选择我们，我们也在选择领导。

大伟：说到这儿吧，我去休息了，身体还是差些，再见两位老兄。

世界作家：伟哥慢走，多保重，我们需要你啊！

以上对话中，世界作家通过采用顺同原则，让谈话得以畅快进行，使交流进入较深的层面。

协同原则：做别人最需要的人

协同就是顺应别人的想法，并能高效采取行动。在大多数情况下，尽管自己能力超群，但是自身地位并不高，权力有限，资源不足，这时候采取强势出头策略很容易失败，而采取协同策略则更容易脱颖而出。具有协同特质的人，往往是人们最需要和最倚重的人。

比尔曾经担任过一家跨国公司的中国区总经理，刚进公司，总裁让他先去日本分公司学习三个月。过了没多久，总裁带着一个精干的中年人突然来到日本分公司，他宣布比尔改任公司的策划总监，而让他随行的人改任中国区总经理。比尔感觉受到了奇耻大辱，如果是在美国，他会立刻宣布辞职，但这是在日本，必须得忍气吞声。在接下来的几天里，心怀不满的比尔发挥了狐狸般的机智。总裁喜欢批评人，甚至挖苦、羞辱下属，下属们有时会反击。总裁批评谁比尔就批评谁，有人反对总裁比尔就保护总裁，总裁有些想法还不完善，比尔就帮其形成方案。不到一个星期，比尔就成了总裁不可或缺的"工具"，从此比尔在公司获得了总裁之下、众人之上的威信。

有三种人：一种是发现问题的人，一种是制造问题的人，还有一种是解决问题的人。发现问题的人往往是智者，但常常不受别人喜欢；制造问题的人是麻烦分子，为别人所讨厌；解决问题的人是人们心目中的英雄，很受人尊重和依赖。

有些人很聪明，能看到很多问题，可以给人提很多有益的建议。尽管对方听着的时候充满了兴趣，但过去后就会不了了之。学院派的知识分子因为知识丰富，倾向于理想化，但实际能力不足，往往容易成为发现问题的人。

就如同一个医生，你能看出别人患了很严重的病，却不能治病，除了增添人的烦恼，没有其他的益处。最可怕的是，在公司里或官场上，有的人能看到很多不足之处，有机会就向领导反映，希望能够解决问题。但上司并不是你的下属，他对事情的判断和排序自有一套，说多了会给人一种厌烦的感觉，似乎下属是上司的老板，上司要服从下属的指令。所以不要过多展示自己的才华，更不要给老板下指令。如果没有解决问题的方法，最好不要提出问题，除非是至关重要的。

有一种人不仅不能帮助别人解决问题，而且总是制造一些新的问题，他们不仅给别人制造了麻烦，也给自己制造了麻烦。这种人往往具有心理障碍，具有较强的叛逆心理。

比尔有过一次失败的招聘案例。比尔的部门需要一个助理，他通过广告收集了一批应聘资料。他面试了三个人，感觉都不太理想。第三个女孩面试后离开不久，主动打来了电话，表示感谢比尔给提供机会，并且希望能够加入公司。比尔很高兴，觉得这个女孩很有主动精神，就决定录取她了。女孩上班后，比尔发现录取她是个灾难。比尔每次布置工作，或者开会的时候，她总是要反问为什么，为什么要这么做？这么做可以吗？比尔的工作变成了说服她，不然根本无法开展。懊恼的比尔掐死她的心都有。

能够经常采用协同策略的人，一般情商较高，其次具有很强的行动能力，这种人很容易得到强势者的欣赏，并能一步步地进入成功的殿堂。比尔并不是情商很高的人，但他智商很高，只是偶尔采用一下协同策略。

大多数公司的老板都喜欢能够领会自己意图，并高效完成的人，具有协同能力的人往往可以在大公司里逐步晋升，到达职场的高峰。

比尔在做咨询工作的时候，接触了很多的客户，他发现老板们往往对他们的提议很感兴趣，但很多人担心无法执行，找不到去执行的人。客户担心咨询公司只是提交几套方案，后续的执行无法保障，很多业务因此无法谈成，比尔深感遗憾。这让他想起一个故事：一群老鼠开会，研究如何防止猫的伤害。一个老鼠说，如果在猫的脖子上系个铃铛，当猫走近的时候，就可以听到铃声而躲起来。老鼠们都说这个办法好，最后一个理智的老鼠说，那谁去把铃铛系到猫的脖子上呢？

对话案例：

老板：我突然发现了一个巨大的商机，如果能抓住这个机会，我们就可以成为世界上最伟大的公司。

经理：什么商机，快说说看！

老板：人类将来可能移民火星，我们去火星上开发房地产，那里没有国家边界，土地谁占谁得，我们抢先一步在那里盖一批房子，等人类移民的时候，我们就卖给他们。

经理：这个办法好，避开了地球激烈的商业竞争，放眼未来，抢占先机，一定能成功。

老板：只是登火星的成本过高，运输建筑材料困难。

经理：目前飞行器主要是靠火箭助推，消耗燃料过多，如果以后借助太阳能，输送成本将大大降低。

老板：太阳能功率不高，输送效率不高。

经理：那可以采用核能，核发射既高效成本又低。

老板：看来这个计划还是可行的，我们找时间再具体研究一下。

经理：如果计划成功，您就是宇宙第一地产商了。

老板：这个方案一定要保密。

经理：请相信我，我绝对不会对第二个人讲。这可是关系到公司未来的发展，涉及几万个亿的生意！另外，董事长，如果我们能改变传统，利用火星自身的材料，那建筑成本将显著降低，运输也许不再是问题！

聪明人会选择性说话

无论是东方还是西方，传统上把说真心话当成了一套正确的为人原则，但事实上很多成功的人常常不说真心话。有时候说真心话会损害别人的面子，给自己带来麻烦。

首先，真心话未必是客观正确的话

真心话本身也是个人主观的看法，出自个人的价值观、生活经验、个人思考的结果，以及个人对事物的有限了解。个人所谓的真心话，更多的是个人意志的体现，希望他人按照自己的意志来行事。真心话本身就具有强烈的主观色彩。

既然真心话未必是正确的，那么就没有必要把自己的话不打折扣地说出来，留有余地，免得伤了彼此的面子。

说真心话容易被别人利用

在涉及对政府、对公司、对个人的评价上，如果对别人发表了比较负面的评价，可能会传导给被评价者，那么被评价者则会把你列入黑名单。

有时，强势者以一种开放的姿态来征求别人的评价，他们大多数是希望听到一些正面的评价，或者是希望别人能对其现有的姿态给予补充性、建设性的意见，但大多数人不希望听到触及深层次的意见，因为他们根本无力，也不愿去解决这些矛盾。

有人利用这种机会，提些强势者能够解决，也愿意解决的问题，获得了强势者的青睐，顺利进阶；而有些喜欢说真心话的人天真地提出一些尖锐的问题，结果可能遭到冷落，甚至是严厉的报复。

在历史上，一些政治家利用征求意见的方式来甄别自己的潜在反对者，一旦发现有人提出和自己真实心理相反的看法，则开始考虑攻击，甚至杀戮他们。在这种情况下，聪明的人会说些应付的话，有修养的人顾及面子会说些客气的话，只有喜欢说真心话的人因为涉及本质而会招致迫害。

2000年前，中国的秦朝进入了没落阶段，丞相李斯架空了整个王国。有一天大家按照惯例在皇宫讨论国事。突然一只鹿从门口走过，李斯说，这里怎么出现了一匹马呢？有的人纠正说这是一只鹿，有的人附和李斯说这是匹马。李斯把那些坚持说鹿的人暗记下来，慢慢地逐一杀掉，而附和自己的人都得到了重用。

传统文化中强调说真心话，其实是反映了强势者希望控制局面的心态。中国的北方人比较喜欢说真心话，而南方人则会顾及面子而说些应付的话。

说真心话会伤及别人的面子

在大多数情况下，别人只是希望听到符合自己想法的建议，对于相反的，哪怕是正确的，也不会接受。还有的时候，对方明明知道你会反对，只是想借着征求意见的机会来说服你。

与其这样，不如干脆就不要说出自己认为正确的想法，而只是应付一下或者是违心地说出对方希望听到的话。

比尔在一家咨询公司工作的时候，他觉得公司办公室的整体格调十分土气，与咨询公司应该体现的专业性格格不入。有两个客户就是因为其环境恶劣而对公司的能力产生怀疑，因而没有合作签单。他的老板是个药品商人，没有什么专业能力，倒是很欣赏自己公司的装饰风格。有一次，比尔提出要把公司环境转变成现代咨询公司的风格，老板听后没有多大反应。比尔想，老板大概是偏爱这个格调，或者是舍不得出钱装修。后来，公司因为拥挤要重新调整格局，老板开会正式向大家征询建议。员工们纷纷提出改建方案，这些建议大多数和比尔的想法不谋而合。老板见比尔不怎么发言，主动征询他的建议。比尔应付了几句,说重新调整很有必要,同事们的意见都很好,但是要考虑成本。比尔知道老板的想法,如果和他的真实想法不同,老板内心会很不高兴。

过了几天,老板利用假期找人把公司重新改建了,只是安了窗帘,连灯都没换。比尔看到后,心中暗喜,如果自己傻乎乎地提了一大堆建议而完全没被采纳,心里一定会很纠结吧。

但比尔大多数的时候喜欢讲真心话,这让自己经常吃亏,比尔认为自己是个真诚的傻瓜。

公开赞美效果好

赞美策略曾经被心理学家们大书特书,但效果并不理想,现实中赞美已经被运用得过于泛滥了。

比尔有个同事,十分具有活力。他在业内经历很丰富,老板很器重他,但比尔知道他水平很低。他和比尔同为咨询师,但他对比尔非常敬佩。每当与客户洽谈时,他总是隆重地向客户介绍比尔,说比尔是著名的咨询专家,成功地为几十个企业做过咨询,并且出版过两本专业畅销书。每当这时,客户都会对比尔刮目相看,这样就建立了有利的谈判气氛。比尔确实为很多企业做过咨询,也出版过两本专著,在业内也算小有名气,但还没有达到大师般的地位,但经他一包装,马上就呈现了光环。比尔虽然不太喜欢这个滥竽充数的同事，但也十分受用他对自己的包装。

公开地赞扬别人会提高对方的社会评价，让对方感到有面子，也会提高其他人的兴奋性，产生美好的感觉。被赞扬的人会心存感激，根据能量反馈法则，他也会投桃报李。被公开赞扬的人一般不会当场否定，而是会半推半就地接受。

公开地赞扬对方，是指在有其他人在场的情况下，不同于一对一的赞扬。过去有些心理学家们推崇的赞扬方式往往是指一对一的情况，而忽视了公开场合下的赞扬。红浅学发现，公开地赞扬其效果和真实性更佳。

首先，一对一情况下的赞扬，对方出于谦虚或者习惯，往往会在中途打断，使赞扬无法深入展开。其次，有些人面对赞扬，反而会认为是讽刺或者别有用心。人们不太喜欢一对一赞扬的原因，大概是感觉这种赞扬没有社会效益，而公开赞扬则会产生社会效应。

比尔曾经认真地读过卡耐基的《人性的弱点》和《人性的优点》，并积极践行赞扬策略。但他发现效果并不理想，每次赞扬过后，对方都觉得他是个油嘴滑舌的无聊之人，他觉得自己是个居心叵测的阴谋分子。

比公开赞扬更加有效的是背后赞扬

咨询公司一般规模都不大，比尔所在的咨询公司的关键行政人员都是与老板关系亲密的人，比如公司的会计就是老板的表妹苏珊。比尔为了在公司能够顺利发展，想和苏珊搞好关系。有一天下班的时候，他邀请苏珊共进晚餐，苏珊是个单身女人，正愁晚餐没有着落，他们一拍即合。在吃饭的时候，他们聊起了公司的事情，谈到了苏珊的助理黛丝。比尔随口说了几句她的好话，比如非常文静、很有修养、很有女人味之类的客气话。过了两天，比尔感觉黛丝对自己的态度发生了显著变化，以前两个人几乎没有说过话，现在黛丝开始主动和他打招呼，没有生气的脸上也开始绽放出动人的微笑。这是怎么回事呢？一定是苏珊把自己的赞美转达给她了。从此以后，比尔办理借款和报销之类的事情变得顺畅了。但是比尔并没有和黛丝发展成恋人，因为她不是自己喜欢的类型。那天的赞美也是随口的应承话，想不到有这么大的作用。

背后赞扬和公开赞扬一样，都能提高被赞扬者的社会评价，使被赞扬者感到发生了社会效益，因而会产生回报心态。

比尔有一个客户，是美国最成功的广告公司之一，他们主要的业务是利用自己的媒体承接大型企业的广告发布。董事长向比尔讲述企业从小到大的发展经历时，说了很多因素，比尔都感觉不太真实。后来他从董事长的搭档处听到，董事长有个习惯，喜欢在客户背后赞扬。他见到客户后，就开始逢人就讲客户的优点，把客户夸奖得淋漓尽致，客户通过间接渠道听到后，就会对他很感兴趣，往往业务就交给他来做了。这和比尔赞扬黛丝的方法如出一辙，比尔认为，这才是董事长成功的原因。

解决问题而非追究责任

比尔刚刚参加工作的时候,电脑还不是很普及。公司有几台电脑,大家都像宝贝一样对待。比尔虽然学过电脑操作,但并不熟练。等其他人离开的时候,他忍不住手痒,打开电脑操作起来。程序出现了一个陌生的提示,他很慌张,随便按了一个键,结果程序都被删除了。第二天别人发现程序被删除,忍不住怪罪比尔。这时副总经理走过来,没有说什么话,只是拿出光盘把程序重新安装上去。多年以后,比尔还是非常感激副总经理的做法。

面对别人的失误,有人会采用侮辱性的语言、高亢的声调、愤怒的情绪,甚至伴有攻击性动作,来作为惩罚。然而惩罚行为,并不能解决面临的问题,甚至会使局面更加恶化,引起犯错者的对抗和反击。明智的做法是忽略追究责任,想办法弥补失误。如果失误被弥补,挽回损失,那么犯错的后果不严重,也没有必要追究责任了。

还有一点是,一般而言我们往往缺乏惩罚别人的权力和办法,与其追究责任,不如解决问题。

如果忙于追究责任,有时会激化内部矛盾,这更是雪上加霜。

为上级创造露脸的机会

每个人都想在公众面前表现自己的优秀，并希望影响他人的情感和行动。表现欲是一种非常原始的竞争欲。如果让别人充分施展表现欲，使其达到目的，他就获得了面子，获得了理想的成就感，作为回报他也会给帮助他实现表现目的的人面子。

有的人表现欲过强，不分场合，全力表现，这会使比他更加强大的人感觉失落。别人就会在内心留下阴影。聪明的人的做法是极力促成重要人物充分表现，让他出尽风头。

有一位副职官员能力出众，思维缜密，口才不凡。他喜欢在任何公开场合来展示自己的才华。有一次，一个高层官员来视察，在总结会上高官做了发言，然后副职官员也做了演讲。他讲得非常深刻、非常全面，时间很长，人们都被他的发言吸引了，高官的光芒都被他掩盖了。高官很不高兴，回去后对他的业绩给予很低的评价。从此副职官员一直郁郁不得志，最后因为腐败而身陷囹圄。

中国古时候，有个王国因为战败，王子被敌国扣留为人质。后来王子的父亲死了，王子要回到国家争夺王位。他们逃出敌国国都，踏上了逃亡之路。王子担心路上会遇到麻烦，向他的随从请教计策。他的奴仆说，最好是让王子扮成他的随从，而自己扮成王子。王子非常不理解，仆从解释说："王子雍容华贵，我相貌平庸，在别人看来我们不过是平常的主仆在赶路，我们口音不熟，他们一定会有轻视之心，会趁机找事。如果王子这么优秀的人做我的仆人，他们就会感觉我十分神奇，不敢冒犯，这样我们就可以顺利逃脱。"王子听从了他的建议，一路上人们对他们非常尊敬，他们顺利地返回了国家。

适当降低自己的姿态

每个人都想有面子，希望获得别人的尊重和重视。如果通过个人行为表现自己，那么往往会引起别人的警觉，而通过别人来给自己面子，则效果非常好。

如果彼此互相给面子，在第三者眼里，会感到这两个人素质非常高，引起他强烈的兴趣。

比尔所在的公司并不大，这类公司难免会出现一些人际关系的问题。老板有个女助理，其貌不扬，平时也不太张扬，但老板对她很器重，出席重要的场合必须有她陪同。比尔想，要么女助理非常会吸引老板，要么她是老板的什么亲人。有一次，比尔去见一个新客户，老板让女助理陪他一起去。在客户面前，女助理表现得十分得体。在刚开始见面的时候，女助理主动为比尔拉开椅子，并把比尔介绍给客户，把比尔在公司的职位和负责的工作，以及以往的工作业绩做了陈述，比尔感觉自己很有面子。在会谈时比尔准备拿出笔记本做记录，女助理则主动为他递过皮包。客户看到他们配合如此默契，看到女助理服务如此周到，对比尔的公司产生了浓厚的兴趣。比尔由此对女助理刮目相看，虽然她卖力地抬高比尔，但她本身的形象却更加高大起来。比尔终于知道老板为什么这么器重这个女孩了。

适当重复别人的观点

以自然的方式引用、重复别人的观点，这样既可以避免自己别出心裁，招致反对，同时能得到别人的认可，把你引为盟友。自己的观点是否正确不重要，自己的观点是否独特也不重要，重要的是让别人感觉自己无法被反驳。

如前所述，我们大多数情况下的观点并不一定会产生行动和后果，正确性和准确性完全不重要，让人们接受你才重要。

红浅学认为，共鸣比道理更重要，如果为了探索真理而导致彼此态度的对立，即使结果正确也会失去友谊。那些经常能够影响他人的人并不是掌握真理，而是掌握了谈话的技巧。

在重要的会议场合，主持人在嘉宾讲话后，或下属在上司讲话后，并不会发表自己的观点，而是对发言者的主要内容进行归纳，帮助提高传播效果，并承前启后进行下面的程序。

适当模仿别人的行为

在具有个人英雄主义的组织里，最高领导者的言行会得到忠诚的下属们的模仿。如果领导者喜欢谈论男女关系，那么下属们也会在其他场合很热衷地谈论男女关系，他们会用男女关系来解释商业现象和人生现象；如果领导者喜欢谈论情感，他的下属们则会习惯在各种场合来讨论情感，并用情感来解释一切现象。

比尔曾经有个大客户，他在与他们合作的过程中发现，他们的老板很喜欢谈论情感。后来比尔了解到老板的感情经历非常复杂，有过几次不成功的婚姻。奇怪的是，他的下属们也很喜欢谈论情感，似乎不谈论情感则显示不出个人的才华，讨论情感是和他们交流的主要方式，工作反而成为次要的了。比尔后来明白，下属们是在有意识地模仿老板的行为，这样会让老板感受到下属的忠诚，而下属们则可以获得和老板在一起的安全感。

在生活方式上也是如此，如果能适当模仿领导者的饮食或者衣着风格，领导者也会感觉很有面子。原因很简单，领导者奉行的方式是其认为最正确的，如果别人和他趋同，那么他就会自然认为该人是正确的、先进的，是具有执行力的。但注意不要穿和领导者一样的衣服，那样会让领导者的优越感消失，并感觉受到挑战。

接近领导者的爱好是一种更好的模仿行为。如果对方喜欢艺术或体育，自己也表现出这方面的兴趣或者才能，那么对方会感到自己的爱好很有价值，并愿意将别人引为知己。

一个官员去某地视察，当地安排官员去山上游览，车行至半途，大雪封山，进退两难。当地官员急中生智，连夜组织歌舞团举行表演。官员非常高兴，恰巧他很热爱音乐，而当地官员很擅长唱歌，他们还即兴联手表演了个节目。这次雪夜经历给官员留下了深刻的印象，后来随着他的升迁，一步步地把那个下属提拔起来。

增强仪式感

仪式能够反映人的社会身份，即面子，举办与对方相适应的仪式，能够增强对方的尊严感，即提高他的面子。

在政府交往层面，来访的宾客会受到东道主在机场迎接，或在区域边界迎接，并鸣放礼炮，铺设地毯，赠送鲜花。东道主还会根据宾客的规格来安排接待人的身份，并赠送本地区的名贵特产，游览当地的著名景点。

在民间，对仪式的重视有时到了令人吃惊的地步。南方的农民到城里打工，他们忍受着恶劣的环境，把生活费压到很低的水平，积攒下来的钱节日回家的时候会被花费一空。他们回到家乡，会带上时尚的礼物去拜访亲友，吸着名贵的香烟，彼此像成功人士那样互相宴请。北方的农民则更为夸张，他们更注重面子，尤其是有外来客人的时候，他们会倾其所有，甚至举债也要给客人高档的享受，本能地认为高规格的招待是作为主人最重要的天职，而不考虑这种投入是否有回报。以上列举的固然是极端的情况，但注重仪式是普遍现象。

仪式首先是对等，其次是要考虑承受能力和回报

礼节和仪式能够促进人的关系。人们平时都是泛泛之交，没有深入交往。通过合适的时间和场合，通过礼节和仪式能够密切人们的关系。私人之间大多数是利用特殊的日子，比如生日、婚礼、葬礼或者生病期间。

有一个平民出身的公务人员，能力很平庸，但却不断高升。有人研究了他的经历，发现他非常注重礼仪。他财力有限，主要是投入感情。当他的上司的父母去世的时候，他日夜守候在灵柩旁边，在送葬时号啕大哭，以儿子的身份称呼逝者。他的真诚深深打动了上司，上司引他为亲人，全力为他创造上升的机会。

礼仪不仅是金钱的投入，更重要的是要别出心裁。能够提供对方需要而却难以接触到的东西。比如需要特殊关系和特殊渠道才能获得的礼物，如一些珍稀物品，或限量的产品。

像比尔这样比较有天赋的人大多数不拘小节，不太看重形式，但比尔近来的心态发生了变化。他认为，商场中的人把商务和生活混为一体，如果商务招待水平不高，那么生活水平必然也不高。他开始鼓动老板要注重公司的接待质量，高规格的接待能够提高客户的尊严感，提高其生活品质。通过几次高规格的接待后，同事们都感觉效果比较好，客户也十分满意，签约率也提高了。同时这种方式也提高了员工的尊严感，他们对工作的投入和兴趣加大了。比尔感觉这个措施不错。招待不仅仅涉及金钱的投入，更主要的是需要对招待方式的深入了解，通过提高招待水平。比尔对城市的消费环境也有了较深的了解。比尔感到，加大招待的资金投入其实提高了其他资金的利用率，是笔划算的投资。

很多人非常在乎生日和节日，比如孩子、女人和老人，这源于他们迫切希望得到外界认可。一般情况下，理性的人会把那些注重仪式的人视为爱慕虚荣的人。事实上，从另一个角度来说，那些内心软弱的人，可以获得社会承认，或者存在的价值感，这也是积极的。有些成功的人也喜欢这种盛大的仪式，通过这种仪式能体现招待方的重视，同时自己也享受这种在众目睽睽之下成为焦点的感受。

比尔是个骄傲而强大的人，他从来不在意繁文缛节。一次他去拜访客户，在告别时客户说公司要举办年庆，要举办重大的仪式，希望比尔能参加。在年会的时候，他发现企业的基层员工非常热情，倾情投入。比尔想，年会无非是派发些小礼品，吃顿饭而已。在年会上，比尔发现企业的高层经理们并不太热心，反而是那些操作层面的员工都兴高采烈。比尔想，可能越是低阶层的人越是希望能营造体现生活乐趣的场合。比尔内心强大，从来不过生日，即使想庆祝一下，也不邀请任何人。同时，他也不愿意接受别人的邀请。

女人十分注重仪式。一些重大的事件，比如婚礼，其场景能够经常在她眼前浮现。如果有一场高端大气上档次的婚礼，能够让女人增加幸福感，成为她一生的精神财富。如果在条件允许的情况下，适当地投入时间、精力和金钱，更好地去规划，举办一个难以忘怀的婚礼，对幸福是十分重要的。但有些人为了婚礼而投入了全部财富，从而导致后续生活的困难，这是不足取的。

孩子们也十分重视仪式，尤其是生日或者节日，他们热切盼望特殊时刻的到来。他们对世界具有强烈的好奇心，并对物质有强烈的渴望，希望在特别的日子得到爆发式的满足。在节日或者生日的时候，让孩子有尊严、有面子是十分重要的。

老年人也同样重视仪式，尤其是生日，他们希望在特殊的日子里，得到晚辈和社会的礼赞和祝福。这是他们人生价值的体现。

但有些人确实不喜欢仪式，或者外界的过多关注，因为他们的内心非常平和，外界给予过多的关注，他们反而视为一种干扰。所以，对于仪式的应用要恰到好处。

如果接受别人的邀请，积极地应对，并配备适当的礼物，那会给别人意外的惊喜。如果因为自己不喜欢这类活动，而置之不理或者草草应付，会使彼此的关系发生倒退。

第五篇　提升自己的形象

　　个人形象即生命的社会价值体现，形象的大小是自身在别人心目中的地位，也即公众影响力。把提升形象作为一个主要方法，是浅原则的重点运用。

　　大多数情况下，人们总要展示健康、富足、成功、不在乎失败、快乐的状态。通过呈现优秀、成功的幻象打造自己良好的公众形象，即面子。有了美好的形象，会吸引他人靠拢，并愿意进一步交流合作。

　　如果损害了自己的形象，别人会感到尴尬。一旦感到尴尬，别人会不由自主地逃避。提升自己的形象，不给别人添麻烦，不给社会加负担。

　　提升自己形象的主要方式是展示自己的优点。

　　*提升自己的形象，是领导者、企业家、管理者树立威信、建立品牌，并进一步成为公众人物重要的成功途径。

大枪暗杀男人，小枪暗杀女人

尼克是个黑车司机，他的哥哥有个儿子。这个男孩和小伙伴玩耍时吹牛说，他的叔叔尼克是个特工，经常潜入中东去暗杀恐怖分子。他说尼克有两支枪，大枪暗杀男人，小枪暗杀女人，开枪的时候，子弹会发出《祝你生日快乐》的乐曲。小伙伴们都被迷住了，他也获得了小伙伴们的崇拜。

虚构故事可以增加谈话的趣味性

人们聚在一起的时候，为了调节气氛，让聚会变得更加精彩，使聚会者兴奋，通过虚构故事可以达到这一目的。虚构的目的仅仅是为了让聚会更加有价值，而非为了达成其他现实目的。

有的男人其貌不扬，也没有什么才能，但凭借会虚构故事的能力，身边经常能吸引一群女人；有的老人因为会虚构故事，也能吸引孩子们，获得孩子们的好感。

并非所有人都擅长虚构，尤其是那些道德感过于强烈，文化水平比较高的人，他们习惯于真实和理性，喜欢讲道理，自我阉割了虚构的才能，他们和女人约会时讲新闻，和男人聚会时讲专业，和小孩在一起时讲道理，他们固然全情投入，只是谈话的趣味性却大打折扣。

比尔有个多年未见的上司，一天他凑巧来到比尔所在城市，他约比尔吃饭。为了避免单调，比尔带上了自己的女同事——一个刚参加工作的女孩——丽莎。吃饭的过程中，上司滔滔不绝地讲话，宴会成了他个人的演说会。他说自己的女儿和丽莎同岁，金融研究生毕业，现在年薪30万美元；他说自己目前正在筹办一个慈善基金，已经有人投资1000万美元作为启动资金；他说老板已经把自己的助理派给他做司机，这个司机曾经是参加过奥运会的拳击运动员，曾经打过地下黑拳，一拳能把人的眼睛打瞎。说着他还握起车钥匙，做个挥拳的动作。比尔曾经和他共事过两年，对他的情况也比较了解，知道他说的话水分很大，但是又觉得他说得很有趣。丽莎听得津津有味，两只眼睛一眨不眨。

通过虚构一些事实可以提高自己的形象

虚构可以让自己笼罩在一片光环之下，让自己变得有面子。如果没有恶意地通过虚构去欺骗别人，损害别人利益，那也无可厚非。

微软副总裁唐骏离开微软后加入了一家拟上市公司，通过他的声望，这家公司顺利上市，获得了很大的成功，他也同时成了一个炙手可热的公众人物。他在自己的公开简历上写道，自己是加州理工大学的博士，曾经获得过三星卡拉ok打分器的专利，而且在美国创办过著名的律师事务所。在许多电视访谈中他也多次提到这些，并用这些成功经历来激励年轻人奋斗。他给人的印象是无所不能的天才，在技术上和商业上都取得了常人难以企及的成就。后来经人考证，他的学历和所谓成功都是虚构的，他陷入了学历丑闻，声誉一度降至谷底。但他的身份虚构却没有受到惩罚，因为没有人因此受到直接损失，而他的读者和粉丝虽然因为被愚弄而愤愤不平，但他们也只能是谴责几句。

但唐骏如果在求职或者上市说明书上罗列了以上虚构的东西，那么会导致利益相关方做出错误判断，则会具有诈骗嫌疑。

内心强大的人不习惯虚构，而自卑的人则经常通过虚构来赢得自信，具有强烈企图心的人也喜欢用虚构来影响别人。

我们生活在虚构的世界里，古代皇帝们为了增强神秘感，虚构说母亲因为梦到与动物性交而怀孕，或者说自己在母亲肚子里多孕育了几个月；政治集团则改编历史来证明自己的合理性；商人们则夸说自己的食品是祖母一生实践而研究出的秘方，尽管可能是他手下的员工在实验室里发明出来的。别人都在向我们奉献虚构的故事，为什么我们不回报给他们虚构的故事呢？虚构的故事可以使生活变得更加有趣味。

尽量展示自己的优势

尼克开黑车的收入仅够日常开销，有时候警察抓得紧，生意就会受到影响。天气冷的时候，乘客明显减少。有一段时间，他过得很狼狈，房租都是一拖再拖，女房东脸色越来越不好看，平时对他说话语气也很生硬。尼克虽然好面子，但也只能厚着脸皮硬挺，每当女房东催要房租时，他总推说过一个星期他就给。有一天他得到一笔佣金，他想把拖欠了一个月的房租结清。他去银行把钱都取出来，共有2万多美元，放在了背包里。他在女房东的超市里找到她说要交房租，他从背包里拿出厚厚的美钞，从容地点出1000美元，交到她手里。女房东看他拿出这么多钱，瞬间眼睛变亮了，脸红扑扑的，像个怀春的少女。尼克从容地把剩余的钞票放进背包，然后顺手买了一瓶超市里最贵的矿泉水。接下来的一段时间里，女房东每次见到尼克，表现得都十分热情，两个人说话的方式，就像法国外交部部长和英国外交大臣那样庄重。

每个人都有优点，别人看重你也是看重你的优点。所以应该尽量展示自己的优点，给别人更多的美好联想，便于树立自己的形象，提高自己的面子。人们对于有才能的人，会包容他的缺点，甚至会欣赏他的缺点。但同样的缺点在一个没有才华的人身上出现，可能就会成为被攻击的目标。展示自己的优点，让别人感到你有机会被他利用，这样会瞬间建立自己的面子。

大多数人不会展示自己的长处，只能等待别人来发现，但这样的机会太少了，而且时间成本也无法承担。在传统文化里，人们把能发现自己优点并给予机会的人视为贵人，但贵人出现的频率太少了，以至于不能期待。不会展示自己的人，很难建立自己的面子，就如不会做设计的企业，它们的产品只能被放在超市货架的角落，等待个别人发现。

有个外地的客户想为自己的企业做一套企业形象设计，比尔和他谈了很久，连价格都基本确定了。一次客户突然打电话说要见个面，把合作确定下来，并要见见设计师。恰巧公司的设计师不在，比尔决定让女同事丽莎冒充设计师，去见客户。丽莎精明强干，大学主修设计，但一直没有从事设计工作。比尔想，客户也不懂设计，凭借丽莎的专业和自己的经验，应该可以应付过去。见到客户后，大家聊得很好。客户提出了自己的初步想法，比尔讲了主要设计内容，丽莎也谈了基本的设计想法，一切进展得很顺利。在接下来吃饭的过程中，丽莎为了表现自己的修养，谈起了基督教，她很投入地讲述自己的宗教活动。客户也谈起身边朋友们如何痴迷、虔诚地参与宗教活动的事情，他们在良好的气氛中结束了晚餐。过了几天，客户那边没有反馈。比尔通过客户的女秘书探听到，客户见到一位美院大学老师，两个人谈了半个小时就确定了合作，比尔的公司被客户淘汰了！

比尔恍然大悟，这个该死的丽莎，和客户谈什么宗教呢，多谈谈企业设计对企业的重要性多好，哪怕把你在大学里学到的十分之一讲出来，客户也不会走掉！

正如企业为推销商品而做广告，他们会利用一切机会传播商品的优点和用途，希望能引起消费者的关注和购买。但他们不会利用广告时间来谈和商品无关的事物，更不会揭露产品的不足。但事实上，大多数人总是习惯在建立面子的时间里谈些不利于自己的话题，或从事有损自己面子的行为。

有些人能力平庸，但是自我推销意识很强，和人交往时会很主动地提及自己的优点。这种做法虽然出格，但很奇怪，别人最后还是会特别容易接受这种人，并将其作为调侃的对象。建立了特别的面子，其结果总是好的。

在企业里，有艺术或者体育才能的人很容易获得赞美，很多人因此进入快速晋升通道；在监狱里，会写作的犯人会受到狱警和犯人们的尊重，狱警希望他能从犯人的角度进行文学创作，而犯人们则借助他撰写申辩书，或者给家人写信。在偏远的山村，如果掌握一点医术，特别是接生、接骨，将会受到人们的爱戴。

人们给你的时间很少，为什么不利用有限的时间为自己

做点广告呢?

小提示:说说自己有什么优点。

外表是形象建立的前提

中国俗语说,人靠衣服,马靠鞍。人的外表对于个人树立良好形象十分关键,人们对于他人的判断是基于感性进行的,通过外在人们可以判断其修养、地位、身份和好恶等,此外,外在形象的爽心悦目还能给人以直接的美感。外表对陌生人的初步判断会起重要作用,甚至有一眼定乾坤的作用。

此外,外表的变化在熟人之间也会有很大作用,个人形象的提升会带来熟人对其价值的肯定,并加强亲密度。红浅学认为,如果不能给人眼前一亮的效果,那说明个人形象没有到位,会降低个人的面子。

目前个人形象设计已经成为一门专业,主要通过发型、化妆、整形和服饰来塑造人的形象。形象设计最初只是服务于演员,后来社会上的公众人物和政治人物为了个人形象需要,也开始接受形象设计方面的专业服务。

消瘦好还是肥胖好?

人们在心中认为,消瘦是不成功的象征,或者精力旺盛的表现;肥胖是富有的象征,或者是懒惰的表现。到底是消瘦好，还是肥胖好，这因人而异。

如果是年轻人、企业员工，比较适合的状态是消瘦；如果是企业的总裁或者成功人士，则适合肥胖。消瘦，被认为富于活力，善于行动；肥胖，被认为拥有资源，成功稳重，适度的肥胖比较好。专业人士，如律师、咨询师、工程师、设计师和高级职业经理人，以消瘦为佳。肥胖的人一定要伴以开朗积极的性格，如果是肥胖而沉默，那么会给人颓废的印象。

在男女关系中，寻找恋人时，女孩们大多青睐身材消瘦的男孩；寻找结婚对象时，大多喜欢稍微肥胖一点的，这样她们会感到比较稳重，家庭关系比较平稳。

无论胖与瘦，关键的是说话声音要洪亮，眼睛要清澈。

清爽整洁是杀手锏

不修边幅，无拘无束，这是自由主义的表现，是个人自由状态的体现，但从外界角度审视，这并不是最有效率、最有影响力的外在形象。扩大个人的舒适度，必然导致降低别人的舒适度，从而降低自己的公众形象，损害自己的面子。

穿干净的衣服，熨烫平整，哪怕朴素平凡，也会给人眼前一亮的感觉。清爽整洁给人的感觉是积极、精干。整洁的男孩往往是女孩们喜欢的对象，哪怕他们很平庸，但总能吸引优秀的女孩，并拥有美满的生活。整洁的人在企业里也能获得一个较为不错的职位，过上体面的生活。但绝大多数男人是粗犷的，对整洁的重视程度不够，其结果是需要付出更多的努力，才能获得相应的面子。

比尔经常在家里做些工作，他的生活和工作大多数是在餐桌上进行的。桌子上有手机、充电器、电脑、鼠标、扬声器、摄像头、钱包、咖啡壶、杯子、香烟、烟灰缸、感冒药、薄荷油、凡士林、袋装茶叶、小额的纸币、硬币、打火机、手表、启瓶器、瓶盖、散落的名片等。因为桌子上过于散乱，也疏于打扫，蒙上了一层灰尘。比尔经常为此感到烦恼，但也常常得过且过。他有时宽慰自己，灵芝是在烂土堆里长出的，谁能想象那些让企业主们瞠目结舌的方案是在这里诞生的呢！但除非迫不得已，比尔确实不愿意坐在桌前。

整洁不仅会提升个人形象，展示个人高效的特征，即使在企业运作中也会起到至关重要的作用。日本在战后经济突飞猛进，日本企业以其高品质的产品在世界上声名远播，日本的管理理论也成为世界研究的热门课题。说出来很简单，日本企业得以胜出的核心理念是5S管理方法，其核心内容就是整洁，在生产、办公环节全力突出整洁的原则，打造出企业的高效率和产品的高品质。

衣着打扮是关键

得体的穿戴会给自己带来心理上的满足，赢得别人赞许和青睐的目光，为自己增加正能量，提升自己的面子。用适度的资金购买服装是最有价值的投资，那些不吝于购买服装的人往往生活比较美满。那些在衣服上较为吝啬的人，因为自我感觉不好，会把节省下来的钱花费在其他方面，以来弥补自己的面子。正如舍不得吃肉的人罹患营养不良，买药治病花掉了所有的积蓄。

尼克经常去一家日本餐厅吃饭，餐厅老板娘是个风韵犹存的中年女人，络绎不绝的客人令其应接不暇，她和每个人的交流都非常有限。尼克发现，尽管彼此很熟悉，但她对自己的态度经常变化，有时应付了事，有时热情如火。比尔回想起来，当自己穿上白色的衬衫时，老板娘会对自己非常热情，话也特别多；当自己穿上灰色的外套时，老板娘对自己冷冰冰的，形同陌路。比尔想通了这个道理后哭笑不得，他必须接受这个现实：可能自己不适合穿灰色的衣服。

衣服对人的作用，首先是风格，其次才是面料和款式等因素。衣服的风格就是个人的标签。风格包括了时尚或者陈旧，中式或者西式，老式或者新潮，年轻或者老年，商务或者休闲，工业或者艺术。

从事不同职业的人适合不同的服装，从事演艺、美术或者广告创意的人适合另类的、艺术感强的服装；从事户外劳动型的工作者，如建筑工程师、活动执行人员，适合运动休闲服装；商务人士，如管理人员、金融工作者、酒店服务人员、咨询师，适合西装；而自由职业者、成功的企业主，可以采用比较宽松的休闲服装。

衣服的颜色和光泽十分关键，白衬衣、蓝裤子依然是万年不衰的主题。警惕黑色，除非个人的皮肤和身材十分突出，黑色的衣服总给人衰老、过时的不良感觉。但如果衣服的光泽很好，那么黑色也是勉强可以接受的。

选择服装要和个人气质与身份结合起来，有的人只适合某一类衣服，有的人穿上不同的衣服就会有不同的气质，就会显示出不同的身份。

有的年轻人喜欢穿暗色调的厚衣服，这样会显得很保守、老土，没有生气；另有一些年轻人喜欢穿光泽很亮但质地很差的衣服，令人感到十分怪异，进而怀疑其可能有特殊嗜好。

如果是皮肤和气色不是很好的人，一定要穿浅色或者很有光泽的衣服，如果穿暗色调或者没有光泽的衣服，那基本是自损颜面。

作为黑车司机，尼克算是个外形和气质都比较突出的人。他发现衣服对于生意有一定的影响。他穿着从事商务或者休闲的衣服时，生意就会差一点；如果穿上牛仔裤，生意就会好一点。他观察到，那些穿得比较像工人的司机们的生意最好。他问过乘客，乘客说如果司机穿得很好，乘客们无法确认他是拉客的司机，还是开车在接人。还有，乘客认为如果司机穿得比较讲究，甚至比乘客华丽，乘客会有一种心理障碍，也会担心司机要价过高。

然而能买到适合自己的服装并非易事，往往人们买到的衣服穿了几次发现效果不好，结果家里堆了一堆崭新却很少穿的衣服，对这些闲置的衣服最好的方式就是丢弃。如果是一年基本没穿的衣服，那就在丢弃之列。这和是否简朴无关，而是生活的艺术。

衣服的好坏与品牌或者价格无关，只要有一双善于发现的眼睛，有一颗爱美的心，就会找到适合自己的服装。以往，人们仅仅把服装当成一种个人消费，被动地接受商家的供应，而现代理念则认为，选择服装是一种创造活动，关乎个人的运营和管理。

关于个人的外在状况，有人顽固地坚持现状，不思进取。没有关系，你只要愿意在其他方面付出更多努力，就可以弥补了！

小提示：刚一见面，别人的视线在你身上停留过吗？

展示梦想会赢得面子

如果你没有什么吸引别人的地方，大胆说出自己的目标，就可以轻易建立自己的面子！

为什么很多人不敢设立自己的目标？

大多数人不愿意设立目标，因为他们觉得现有的条件还不成熟，潜意识中对设立的目标没有信心。还有一点，他们对成功的欲望不强烈。有的人不设立目标，是因为没有方向，不知道自己最重要的需求是什么。还有的是因为关注的方向太多，不能把精力聚焦。因为自己对未来都没有信心，所以更不愿意和别人提及自己的目标。

设立目标，有时是根据自己的现状，有时则根据自己的愿望。具有创新精神的人，往往是根据自己的愿望来设立目标，理性、稳健的人往往依据现状来设立比较可行的目标。

梦想分为愿景和目标，愿景是希望将来呈现的情景，比如说，我想过上富足的田园生活，就像电影《音乐之声》那种状态；或者，我们的企业将来要像微软那样，成为在世界上举足轻重的公司。目标则更为具体化，比如说，我想明年赚50万美元；或者，我们的企业明年要开发3个畅销产品，销售额达到15亿美元。

目标更具体，因而对人的印象更深，影响更大，所以追逐梦想最好具体到清晰的目标。

比尔说，去年赚了10万美元，今年赚了15万美元，明年要赚30万美元。

这个目标是可信的，而且鼓舞人心。因为成功的咨询顾问可以年赚百万，这并不稀奇。

有个名校的博士退学去谋求一个销售的职业，主考官们都认为他应该把学位读完，而且他的性格并不适合从事商业。有人问他的目标是什么，他说自己要在三年内成为企业的总裁，五年内创办一家自己的上市公司。当时就有人不客气地说，这是在做梦，没有可能。梦想是否让人信服，关键是展示出令人信服的依据。

目标是基于现状、符合渴望、超越现实的状态，当向别人讲述自己的目标时，自己处于高亢、兴奋、积极的状态，这种状态是最迷人的状态，是最利于建立面子的状态。别人听到你的梦想，他们也会为之鼓舞，被带入一种美好的状态。从此别人会以这种期待的目光来审视你，并欣赏你的一举一动。有梦想的人，在别人心中是积极的、上进的、充满了能量的人。有目标的人，一定是在人群中有面子的人。

如果你有美好的目标，为什么不敢或者吝啬说出来与人分享？如果还没有目标，为什么还不马上设立一个可以让自己热血沸腾的目标？

有些梦想是荒谬的，千万不能拿出来和别人分享。什么样的梦想是令他人唾弃、讨厌的？

个人的梦想不能有悖社会道德，更不能损害他人，也尽量不要与别人的价值观冲突。以下的目标可能会引起别人的反感或讽刺。

我要成为世界首富（意味着贬低众多的世界财富名流，不如说，我要赚到200亿美元）。

我要让汤姆太太做我的情妇（损害了汤姆先生的利益和尊严）。

我要找两个女孩做我的情人（与大多数女士的价值观

冲突)。

我要打败通用汽车公司,让它彻底破产(损害了数万名汽车工人的利益)。

我要建立一个宗教,让无数信徒来供养我(基督徒听后会十分愤怒)。

我要获得诺贝尔文学奖(一个初中生,没有显示出文学才华,更没有文学作品)。

你想成为什么样的人,别人就会把你当成什么样的人

你向别人展示了自己的梦想,相当于你向别人展现了你的个人和未来。你的梦想就是自己的标签。

15岁的汤姆对女同学丽莎说:"我将来要找个金发女郎做老婆,生三个孩子,过着无忧无虑的生活。"第二天丽莎对琼斯说:"汤姆说要找个金发女郎做老婆,生三个孩子,过着无忧无虑的生活。"

15岁的史戴龙对丽莎说:"长大我要成为纽约的黑社会老大,垄断所有的水果档,收取他们的保护费。"第二天丽莎对琼斯说:"史戴龙要成为纽约的黑社会老大,垄断所有的水果档,收取他们的保护费。"

十几年后,琼斯成了汤姆的老婆,而史戴龙则成了个游手好闲的小混混。

小提示:说出你明年的目标,比如,我要结婚;我要买套房子;我要换台车;我要多赚30万元。

勇于拒绝，树立形象

生活中总有人要你做你不情愿的事情，比如当你准备工作的时候，有人约你逛街；当你疲于奔命的时候，有人要约你喝酒；当你一身西服准备外出的时候，邻居请你帮忙抬冰箱；或者当你正在盘算存款够不够支撑到发工资时，有朋友向你借钱。

对于不情愿的事情，最好的处理方式就是拒绝。如果违心地去做，一来损害自己的利益和情感，二来因为不是心甘情愿而会产生负面情绪，对方察觉后会感到不满，你的付出必将大打折扣，结果是费力不讨好。

有的人比较善良，不愿意拒绝别人，担心伤了别人的面子，不善于拒绝别人的结果是没有面子。这种人给人比较容易说话的印象，但也会被人视为没有原则，还会有人利用这一点提出过分的要求。一般以为，乞丐们获得的施舍来自富人，其实他们的主要乞讨对象是穷人，因为穷人更好说话，更习惯施舍。那些诈骗分子的主要施害对象也是那些不习惯拒绝的人，在整个诈骗过程中，被害者其实已经察觉到不妥，但是缺乏拒绝的能力，而被牵着鼻子一步步走向深渊。

你越是不习惯拒绝，别人越是喜欢向你提出要求。

有的人比较自我，即使有能力，甚至对自己应该做的事情，也习惯于拒绝。这给人一种威严感，也顺便建立了自己的面子。

遇到自己不愿意干的事情，果断地拒绝，这只是一种习惯而已，并不需要特别的技巧。如果需要提示的话，那就是：

1.态度要果断，不要犹豫，不要吞吞吐吐，不要让人觉得你是在勉强做出这个决定；

2.说话的语气要自然，让人感觉拒绝是理所应当的；

3.最后才是找个合适的理由，而理由太多了。

拒绝的时候，最重要的是态度，即你确实想拒绝。而理由则不是问题，大多数人不会，也不想考虑你的理由是否成立，因为要求本身就是取决于你的态度。

一个不善于拒绝的人，一定是一个不善于提要求的人，这样的人注定是别人眼中的小人物，谈不上面子可言。

"先生，我的钱包被偷了，你能借我十元钱，让我买张车票吗？"

"对不起，我刚下车没有零钱，你还是去找警察，或者和售票员说说让他带你上车吧。"

"比尔，你能帮我把冰箱抬到五楼吗？这家伙太重了！"

"对不起，太太！我正要去会见一个客户，时间已经来不及了，我得赶紧走路。拜拜！"

"尼克，我是江森，我就在你家附近，马上过来喝一杯吧,今天一定不醉不归。"

"哎哟,抱歉!我在外面办事,和朋友在一起,没有在家里,换个时间再和你喝酒!"

"比尔,有个事情需要你的帮助。"

"尼克,不要客气,我们是多年的好朋友,有事请讲。"

"我祖母过生日,我想给她买个贵重的礼物,有个5000美元的项链非常适合,我还差1000美元,你能借我1000美元吗?"

"唉,尼克!你应该提前两天对我讲啊,我刚把钱寄给我的妹妹,现在只剩下200美元,帮不上你,抱歉啊!"

小提示:你经常在帮助别人后心里很不舒服吗?

展示自己的成功经历

很多企业在宣传产品或者发展史的时候,都会讲些动听的故事,尤其是产品诞生的故事。这些生动的故事让人们对产品产生强烈的兴趣,并会对此津津乐道。最典型的是可口可乐的故事。可口可乐的诞生源于一个人患了感冒,他来到药店买药,店里的店员随便给他配了药汤卖给了他,后来发现这个人经常来买,老板研究了一下配方,发现药的味道很好,后来就把它演变成饮料,尽管它依然具有消除感冒的作用。这种关于产品和企业的故事称为品牌故事。那么,人是不是应该也有自己的品牌故事呢?

比尔认识了个女孩叫露西，比尔想和她成为恋人。露西迟疑不定，她问比尔："你到底是个什么样的人，你觉得你有什么长处。"比尔说："我值得骄傲的是，我读小学的时候，所有的老师都是我的粉丝，我不认识他们，但他们都认识我。"露西说："那你是个聪明的孩子，学习很好吧。"比尔说："确实比较聪明，我基本不怎么听课，但是考试总是名列前茅。我主要是长得很可爱，很多老师见到我都会主动问我的名字，说我长得英俊。"露西说："这么优秀啊，那你小时候真幸福。"比尔说："现在不行了，脸长坏了。"露西说："现在也很不错啊，我看就很好啊。"

红浅学认为，人们相互了解的层面十分有限。主动传达一些有利信息，便于在他人心目中树立面子。人们习惯于通过过去来了解人，主动展示一下成功或难忘的经历十分有效。

很多招聘官会让求职者讲述一下自己的成功案例，如果经历独特对应聘成功十分有利。

一个很笨拙的女孩说，自己曾经为开发商卖楼，开始一点业绩都没有，但同事们都完成得不错。有一次售楼处来了几个看房的人，同事们都争先恐后地围绕着那些衣着华丽、器宇不凡的人，只有她注意到有一个相貌普通，像个农民似的人。她走过去主动向他介绍房子，那个人问了几个刁钻的问题，她都耐心地解答了。那个人第二天带着家人过来，一口气买下三套大房，而且都是全款。后来她才知道，那个人是煤矿的老板，因为经常下井，所以衣着比较随意。这个女孩奇特的经历打动了招聘官，被企业高薪聘用了。

企业都在拼命地做广告，方便的情况下，为什么不为自己做点广告呢？

1.如果成绩优异，在家长的面前，多谈谈学习方面的经历；

2.把自己最成功的工作经历整理好，方便的时候拿出来作为案例；

3.把自己做的公益活动，拿出来讲讲，激发人们的美好联想；

4.把自己成功摆脱侵害的冒险经历拿出来讲讲。

小提示：你的故事打动过别人吗？

对要做的事情毫不怀疑

相信自己是让别人信任的前提

面对自己的目标，全力去做，不要谈论存在的不足和可能的风险。否则别人会对你的行动产生疑惑和质疑，进而降低你的面子。当别人说可能出现的问题时，也要轻描淡写，一带而过。你对前景的自信，就是对自己的自信，就是给自己提高面子；别人对事情的质疑，就是对你的质疑。

比尔大学时有个同学叫吉米，他是个经常被大家嘲笑而又广受欢迎的人。他经常提些新颖而又浅薄的创意，同学们经常会在对他创意质疑的同时，不自觉地参与进来，而在别人还沉浸在他的创意中时，他已经忘记了一切，时隔不久，他又提出了新的创意。他虽然不修边幅，不负责任，不参与一般的社交活动，但他总是人们谈论中出现次数最多的人。他从来对自己的创意都信心十足，如果有人质疑，他会重新向其他人去宣讲。他的计划大多数都中途夭折了，对他而言计划不一定必须去实现。

　　人们对别人的行动会习惯性地提出质疑，从心理上来说，这是因为自己的嫉妒或者为掩饰自己的胆怯和懒惰，如果别人接受了他们的规劝，那么就会成为一个缺乏思考能力的冒失鬼，面子和形象都会受到损失。其实在行动前，每个人都会深思熟虑，别人所谓的金玉良言都在其权衡范围内，别人的规劝意义不大，既然如此，还不如斩钉截铁地勇往直前。

　　比尔虽然很聪明，但是没有什么影响力。他不太给别人面子，别人也不怎么给他面子。他没有建立威信的原因是他太注重倾听别人的看法，而不注重强调自己的观点。有时候明知道别人说的都是废话，但还是会让别人从容地讲完，而自己的话别人却不怎么听。比尔知道自己的问题所在，自己过于谦虚，不愿意强调自己的观点，怕忽略别人的表达会引起别人的不满。

　　喜欢劝阻别人的人，往往是保守、固执的观望者；经常喜欢征求别人意见的人,往往是一事无成的、没有自信的人。欧洲人往往喜欢专注于自己的事情,不太喜欢对别人的事发表评价;亚洲人喜欢给别人建议,希望用自己的观点来影响别人。相对应的是,欧洲人比较善于冒险,亚洲人比较喜欢观望。

做任何事情都会面临风险和失败,但正因为有难度、有风险,行动才有价值。如果别人随便说几句负面的话,你就停止行动,那么你将一事无成,在别人眼里也是个毫无价值的平庸之辈。坚持自己的初衷,并动用全部的力量,这时的自己才是最有魅力的。只有自己才是对事情了解最深入的人,旁观者其实并不能提供有价值的意见。当你全力推动的时候,别人会因为你的行动而改变看法,进而同意并加入你的行列。

红浅学一贯的观点是,我们生活中大多数事情其后果并不严重,没必要过多担心失败,更何况在做的过程中还可以灵活调整。既然如此,何必考虑太多失败的因素呢?

但如果在做的过程中思虑过多,反而比正常结果更糟。如果任何事情都喜欢否定自己,质疑可行性,那其必然是个没有自信、没有影响、没有面子的小人物。如果能够接受结果的话,我们对风险就不会在乎,事情就变得轻松起来,人也会显得信心十足,散发出一种动人的魅力。有了这些魅力和自信,就会获得更多的人的支持,目标就更容易实现了。

情景案例:

汤姆:我终于可以去环游世界了,我的梦想马上就要实

现了!

尼克:你的工作怎么办?你不要自己的事业了吗?

汤姆:我向老板请了半年假。人生的目的不全是事业,还有生活,有梦想。

尼克:那要花掉很多钱的,你会倾家荡产的!

汤姆:已经有企业感兴趣,表示愿意赞助。再说了,路上省点总会有办法到达目的地。

尼克:世界上很多地方不安全,武装分子有可能把你杀掉。

汤姆:我们只会选择安全的大城市,不会涉足偏远的战乱地区。我们已经确定了路线,安全不是问题。

尼克:总觉得这件事不大靠谱,毕竟世界太大了,有很多不确定因素。

汤姆:放心吧,很多人走过了,这和你去逛街没多大差别。

尼克:你太疯狂了吧!

汤姆:尼克,人总要疯狂一次。

通过行动建立自己的面子很有效果,为此应该熟练掌握这几句话:

1.没关系,问题不大;

2.有办法解决;

3.我可以;

4.我能完成;

5.不必担心；

6.一定能行，肯定没问题；

7.很有希望。

小提示：别人常会对你的计划产生兴趣吗？

专注于自己的责任

有个大学生经过激烈竞争进入了一家大企业，他胸怀大志，用了一个月的时间给总裁写了一封长达万字的建议书，对企业的战略和文化提出了自己的看法，希望得到总裁的赏识。总裁看到后，在上面批示：请人力资源部门对此人进行调查，如果该人是精神病患者，请送医院治疗；如果不是，马上解雇！

底层的人往往热衷于谈论政治，但官场中的人却很少谈论政治，他们更多的是谈论人事关系。

专业素养高的人平时显得低调淳朴，没有棱角，但一涉及专业问题，则马上光芒四射，让人肃然起敬；相反，专业素养不高的人，平时个性鲜明，张牙舞爪，一涉及正经事，就躲躲闪闪，推三阻四。专注于自己专业和职责的人更容易建立面子。

关心使命之外的事情得不到好处

员工应该专注于自己的工作，完成自己的工作使命，员工与企业的关系就在于完成使命或职责，获得企业的报酬。员工把精力投向自己的工作之外，却没有做好自己的工作，即使有贡献，也无法得到肯定。平庸的人因为对自身的工作缺乏信心，无从下手，为了显示自己的存在，而对别人的工作品头论足，发表看法。精明的人却专注于自己的工作，通过完成自己的分内事而获得自己的利益。现实中，夸夸其谈的人往往是不成功的，低调务实的人往往是既得利益者。

比尔中学的时候有个同班男同学，他是个税务所所长的儿子。他和其他的孩子很不一样，显得少年老成，为人世故。他从不议论同学和老师，也很少主动发起话题，但也从不反驳别人的观点。他穿的衣服总是一尘不染。他学习成绩一般，也没什么远大的目标，他只是说想当警察。后来他提前参加考试，考上了警校，两年后成了一个警察，等比尔大学毕业的时候，听说他已经成了警察署署长。

把不乱打听、不乱评论当成一种习惯

英国的贵族们常常聘请仆人来为自己的家庭服务，他们对仆人的要求是有修养、忠诚、能干，仆人甚至可以成为终生职业。有的贵族也以能到王室做仆人为荣耀。仆人的一个重要素养是装听不到，即在为主人服务的过程中，对主人与别人的谈话充耳不闻。

因为不具备全面的信息，也不一定有相应的能力，操心别人的事未必有好效果。吃素的为吃肉的人担忧，骑自行车的人为开飞机的人操心,都是很愚蠢的,那毕竟是不同的世界。把一件事做得精彩,强似把几件事做得平庸。人们只要高效地完成自己的工作,履行了自己的职责,就会达到别人的预期,获得肯定,提升自己的面子,为今后的合作创造条件。如果想做其他的,因为条件不具备,效果未必理想,反而容易有损自己的形象。

尼克的很多生意来自乘客的错误。尼克有时会遇到去广场工地的人,尼克一般收他们八美元。实际上这些人如果在地铁下一站下车,距离广场工地会很近,需要五美元就可以了。还有很多类似的情况,乘客们不知道自己应该去哪里,应该怎么坐车。尼克起初会热心地向他们提出建议,并提醒他们以后如何优化乘车路线。但他发现这样很费脑筋,乘客也不一定认真听。后来他改变了做法,他只是专注于按照乘客的要求,把乘客安全快捷地送到指定地点。他不再为乘客的其他需求绞尽脑汁,那和自己没有关系,不在服务范畴之内。毕竟,这只是一单几美元的生意。

处理异议和表示不满

生活中难免遇到争执,有时别人的行为会侵犯你的利益或者价值观。如果面对侵犯采取了息事宁人的方式,那么事后自己内心会非常痛苦,会对当时的处理方式感到悔恨。

有些人看起来彬彬有礼，遇事非常谦让，但其实内心非常压抑，当遇到合适的宣泄口，会以强烈的方式释放，产生可怕的破坏力。他们选择的宣泄对象往往是自己的亲人，或者比自己弱小的对象，不仅是暴力，甚至还可能是虐杀。

采用合理的方式化解冲突，解决问题，会为自己注入正能量，并提升自己的面子。在这种情况下，红浅学的模仿原理发挥着很大的作用，双方是根据彼此的态度和方式来选择相应的方式和态度。

比尔经常去一家大餐厅吃饭，因为他喜欢这里宽敞的环境。有一天他去晚了，吃饭时客人们陆陆续续地走完了，最后餐厅里只剩下他自己了。吃着吃着他感觉很热，仔细一看，原来空调关闭了。服务员说，公司规定8点半关空调，10点钟打烊。比尔说，客人在就不应该关空调，菜价里包含了环境的费用。服务员叫来了经理，经理是个比较粗野的人，态度很不友好，经理说中央空调统一关闭，他无能为力。比尔很不高兴，在买单时要求扣除10美元。经理不懂得变通，非常强硬。比尔想，既要解决矛盾，也不能使事件升级。他说，既然餐厅不愿意解决，那他就报警了。警察来后，餐厅经理态度缓和下来，同意少收5美元。比尔觉得，钱不是问题，保护了自己的利益才是重要的。

如果表现反对或者不满的方式不当，可能会激化矛盾，使事件升级。

经常开车难免撞车。有一次尼克的摩托车刮到了一辆出租车，出租车被刮了一道印痕。两人协商后，尼克赔了他10美元，让他自己买瓶漆喷一下。还有一次，尼克撞到了一辆出租车，司机下来后非常激动，让尼克赔偿100美元。尼克看情况不严重，只答应赔偿20美元。出租车司机不同意，要叫警察来理赔。尼克的车没有牌照，如果警察来了，肯定会被没收。尼克非常气愤，和他动起手来。尼克是泰拳手，几次把对方打倒在地，对方只有招架之力。尼克看他垂头丧气，不再嚣张，顿生怜悯之心，给了他50美元，出租车司机接受了。

尼克认为，如果对方不过分激动，不说要叫警察，根本不会发生打架。

正确处理的方式是：

1.提出自己的异议，阐明自己的利益所在；

2.讲道理，用友好的态度；

3.适度主张要求，给别人留余地；

4.如果情况不严重，可以容忍或者退让；

5.如果双方力量相差悬殊，可以暂时忍让。

不正确的处理方式是：

1.声音过大，情绪激动，对方根据模仿原理，采取相同的方式，导致事态恶化；

2.语言包含侮辱性词语，对方因被侮辱而采取暴力；

3.过分保护自己的利益或者立场,导致对方无法忍受;

4.合理保护自己的利益,但是超越对方的承受能力。

敢于面对异议和矛盾,不仅有利于提升自己的面子,而且可能和别人在矛盾解决后成为朋友。有些男人都是在打架之后成为好朋友的,而其他的人则可能会成为过客,毫无印象。有的情侣过得非常平静,但却因为单调而分手;相反的是,有的情侣之间经常打打闹闹,感情却十分牢靠。

小提示:遇到麻烦时,你是忍让还是寸步不让?

成功人士通过吃亏树立形象

为了自己的利益和尊严,人们一直被教育要坚持原则,不做让步。总的来说这是不错的,但在现实中,如果交集的双方都按照自己的理念寸步不让,往往可能会陷入僵局,最后的结果是双方不能达成共识或者解决问题。不能合作是最大的损失,远比让步或者遭受少量的损失要严重。

有个中国农民老太太,来到深圳经营一家零售店。虽然小店地处交通便利的繁华地段,但因竞争激烈而生意一般。后来她发现经常有外地游客来询问胶卷,她就开始顺带经营胶卷。她的胶卷卖得非常便宜,十多元的胶卷她只赚一元钱,生意非常红火。后来她开始从事批发胶卷,每卷只赚一毛钱,很快她成了深圳胶卷的总经销商!

比尔的老板是个外表看起来很普通的生意人。一次另外一家咨询公司谈了个大客户，为了增强竞争力，他们感觉自身实力不够，便和比尔的公司联合竞标，终于拿下了这单咨询生意。比尔的公司分了一部分业务来做，做完后的尾款还有5万美元，要等到项目整体完成后才能收到。后来那个公司说给4万美元，比尔认为不合理，希望能拿到5万美元。比尔的老板却说，只收4万美元，他愿意让别人亏欠自己一点，因为被别人亏欠会给自己带来好运气。

在一般的商业活动中，吃亏只是减少了利润，而非导致亏损。但如果交易失败，则会导致亏损。因此宁肯适度吃亏、让利，也要确保交易的完成。中国台湾的餐厅深谙此道，他们的餐厅开业的时候，都会用几天的时间进行免费品尝或者低价打折，以其缩短市场导入期，培养顾客口感，而待顾客产生依赖后恢复正常价格。

黑车市场的价格都是约定俗成的，但也有人拼命压价。一个建筑工人要去广场工地，行价是7美元，但他坚持给5美元。如果接受了低于行价的价格，就相当于被人抢走了钱，这是黑车司机们不愿意接受的。但看到建筑工人那憔悴的面孔和激动的表情，尼克动了恻隐之心。"好吧，那就五美元！"尼克心里想，"也许一两块钱对他真的很重要，权当作慈善吧。"本着做慈善的心态，尼克一路上没有抱怨和生气，反倒是心情愉快。到了工地，建筑工人真诚地道谢，尼克笑笑开车走了。

走出几十米，路边一个中年人向尼克招手，他停车后，那人问到希拉里酒店多少钱。尼克并不知道酒店的位置，随口报了个十美元的高价。那人说只给8美元，尼克同意了。因为按照中年人描述的位置，5美元足够了。在路上，通过聊天知道，中年人是个奥委会的官员。由于别人指错了路，中年人走了一点冤枉路，下车后他主动给了尼克10美元，尼克感到十分开心。

尼克在自己短暂的黑车搭客生涯中发现，如果自己以一个较低的价格搭人，接下来就会遇到一个慷慨的乘客或者远途的乘客，似乎这个乘客是专门来替第一个乘客报答自己的。但如果自己因为乘客价格低而抱怨或者与其发生冲突，那么就不会有接下来的好运气。尼克越来越善于控制自己的情绪，因为吃亏会带来好运气。

"我要撞死他！"这不仅是个念头，而且尼克还脱口而出。尼克转过车头向回开去。尼克刚才搭了个得州青年，在岔路口差点撞上一个抢道的醉鬼。醉鬼骂骂咧咧，还向车上踹了一脚。尼克本身是个火爆的人，而且是个泰拳手，一脚就可以把醉鬼踢昏过去。但他为了生意没有发作，这不是5美元的问题，而是一份责任。醉鬼占了便宜骂骂咧咧地走了，尼克压着火气，一路飞驰，到了终点，回头一看，后座没人，原来乘客在他们争吵的时候下车了。尼克感到了巨大的嘲弄，心里的怒火像火山一样爆发了。他调转车头向回开去，估计两分钟就可以追上那个醉鬼。这时的尼克已经不是个为钱搭客的司机,而是个为了尊严而复仇的骑士。开出没多远,路边一个英俊的青年向他招手,青年说要回家取个文件再回到原地,尼克说12美元。青年坐上了他的车子,和他聊了很多闲话,尼克的心情平静下来了,轻松地赚了12美元,连刚才的损失都弥补过来了。尼克想,这个青年似乎是上帝的使者,帮助自己免除暴力,否则即使不产生严重的法律后果,但至少是不能在这一带开车了。

第六篇　做幸福的大多数

　　人们往往把成功人物视为榜样，并试图模仿他们的成长足迹到达成功的彼岸。这样做虽然看起来很有激情，但实际很危险。

　　事实上，为了树立个人形象，大多数成功的成功者刻意把自己包装成为奇才，通过人格魅力来赢得公众喜爱。但这只是一种商业包装，并非事实的真相。

　　成功是可以创造的，也是可以传承的。传承成功，或者说是遗传成功，有生理的因素，如气场，也有文化和方法的因素。

　　普通人家的孩子在成功的道路上失败的概率更高，原因在于他们先天受困于文化陷阱，同时缺乏人生智慧的传承。

　　红浅学并非一味地让人行善，它的反面就是厚黑学，精通红浅学的人，一定同时是个很具攻击能力的人。

　　大人物虽然十分成功，但往往并不幸福，因为他们在事业上透支了能量。红浅学是从商场和职场的生存和发达之术中提炼出来的，是谋求成功和幸福的系统理论和方法，综合了精妙的哲学思想和心理学研究成果，可以让人少走十年弯路，快速通达幸福和成功佳境。

　　虽然成功是少数人的幸运，但是幸福却是大多数人可以获得的，这取决于个人价值观。

不成功，也许是因为父母不够优秀

年轻人为了激励自己，往往把著名的成功人物视为自己的榜样，并试图模仿他们的成长足迹来到达成功的彼岸。这样做虽然看起来很有激情，但实际上是很危险的。一些培训课程为了提高效果，也喜欢刻意通过这些并不可靠的故事来激励学员。

事实上，为了树立自己的形象，扩大公司的影响，大多数成功的企业家们刻意把自己包装成为商业奇才，如亚洲首富李嘉诚；或者科技天才，如世界首富比尔·盖茨，通过自己的人格魅力来赢得公众喜爱。其实这只是一种公关宣传手段，并非事实的真相。

亚洲首富李嘉诚总喜欢说自己是穷教师的儿子，他集团的官方网站声称："为了扛起维持家庭生计的责任，李先生不到15岁就辍学，在一家塑料贸易公司找了份工作，每天工作16小时。1950年，他的勤奋、谨慎以及追求完美的精神让他有了自己的公司——香港长江实业。"

真相是，李嘉诚的舅舅是香港的富豪，他起初就在舅舅家的企业里工作，其家族拥有香港中南钟表有限公司。李嘉诚的妻子庄月明，同时也是他的表妹。李嘉诚得以发家的塑料花厂就是他岳父资助建立的，这是李嘉诚成长的第一块垫脚石。

世界首富比尔·盖茨本身就是一个"富二代"

比尔·盖茨的外公是银行家，父亲是著名律师，母亲是大学教授、社会活动家，是华盛顿大学的董事以及国际联合劝募协会的主席。他们曾送比尔·盖茨保时捷跑车作为生日礼物，也给他购买过当时昂贵的个人电脑，使他有幸成为世界上最早接触电脑的青年之一。

比尔·盖茨创业拥有的最大资源就是他的母亲玛丽·盖茨。当时，她与IBM公司高层管理者约翰·埃克斯同是一家慈善组织的董事会成员，而埃克斯正在带领IBM开拓台式机业务。玛丽·盖茨向埃克斯介绍了计算机行业中的新兴公司，建议他不要低估后起之秀的潜力。随后，埃克斯同意考虑小公司提供的DOS技术方案，微软公司就是其中的一员，并成功赢得了IBM的DOS合同。假如没有强大的人脉关系网络，也许微软的新操作系统将被埋没于无数设计方案之中，而比尔·盖茨也会在人才辈出的IT大潮中默默无闻。

在政治领域，人际关系同样重要。大多数在权力顶峰弄潮的成功者都和以前的权力拥有者有着直接或者间接的关系。

红浅学认为，通过努力并借助天赋可以获得成功，但这些只是成功的一个必要条件，想获得大的成功有时需要借助一些既有的社会关系和家庭背景。

那些没有取得巨大成功的人不必自卑，也许你缺乏的不是勤奋和天赋,仅仅是因为社会资源不够。

成功是可以创造的,也是可以传承的。传承成功,或者说是遗传成功,有生理的因素,如气场,也有文化和方法的因素。

在第二次世界大战以前,世界处于经常性的波动阶段,家族的命运往往受战争和政治变革的左右。曾经的成功家族在失去一切财富和地位之后,往往凭借努力会重新获得成功,这就是其成功的传承性所致。

历史故事:

在秦朝的末年,全国各地势力纷纷起来造反。刘邦利用自己的威望组织起一支上百人的队伍,准备进攻秦军。他的临县有个官员也闻讯造反,组织起一支上千人的队伍,他想吃掉刘邦的部队。这个官员的母亲劝告他说:"自我进入你们家族后,我考察过家族的历史,我们的祖先从来没有一个是很成功的人,我担心你不能成就巨大的事业。我建议你投靠一个有过人领导能力的人,跟着他一起建功立业。"这个官员听从了母亲的话,他觉得刘邦是个出类拔萃的人物,就带着大部队加入了刘邦的小部队。后来刘邦成了皇帝,他成了大臣。

屌丝逆袭的海岸线

屌丝,是出身普通家庭的年轻人自我贬损的称谓。穷人的孩子通过努力获取成功，是鼓舞人们精神的励志故事，现在所谓屌丝的逆袭就是指的这种行为。

屌丝逆袭的行为是令人振奋的，但是逆袭成功的概率则是令人担忧的，成功的事业线有多长更是不容乐观，所以，红浅学认为屌丝逆袭是有边界的，当他们冲刺一段后，就会止步不前。原因在于屌丝具有很多天然的不利于成功的因素。

屌丝首先受困于文化陷阱

在亚洲国家，对财富和权力有着一种道德歧视，这助长了穷人仇视富人的畸形心理。民间有许多嘲笑富人的笑话，这使穷人处于自卑和自娱的矛盾心态中，使他们不能形成正确的财富和权力意识，成为渴望成功却又嘲讽成功的矛盾体，影响了他们的成功。而富二代或官二代们从小就体会到了权力和财富的好处，他们更专注于追求围绕于此的个人成功。官二代和富二代们早就在娴熟地运用红浅学战术攻城略地，而屌丝们依然捧着过时的、忽悠弱者的成功学津津有味地揣摩。

屌丝们天然缺乏人生智慧

穷孩子们凭借自己的聪明或者勤奋，可以获得足够的书本知识，但却很难获得只可意会的人生智慧。家长是孩子最好的老师，但穷孩子的家长往往本身也缺乏人生智慧，甚至会给孩子们灌输很多错误的观念。穷孩子的父母不能在孩子的各个阶段给予其正确的指导，只能靠孩子们自己误打误撞。如何提高学习成绩？如何与同学和老师建立良好的关系？是否选择上大学？上大学选择什么专业？如何确定职业方向？如何选择结婚对象？如何经商或者获取权力？这些关键性的指导穷孩子是天然缺失的。

有位从事廉政方面研究的学者发现，那些影响较大的腐败案件中，落马的官员往往出身于非常贫困的家庭。经过调查研究他认为，这些穷苦出身的官员在职业道路上不能得到长辈的有效指导，没有掌握为官的艺术，树立了强大的政敌，或者是拿了不该拿的钱。

中国有句话，三十而立，四十不惑，很多人以此来描述自己的人生阶段。其实这句话是孔子描述自己的心理历程，而普通人并不一定到达一定年纪必然会达到相应的高度。普通男人大约在35岁或40岁后才算心理成熟，但这时已经错过了事业发展期。富二代或官二代在父母的教导下，一般在20岁后就变得很成熟。

屌丝们不了解社会的真实情况，他们会被各种滞后、歪曲的信息误导，甚至把广告信息当成行动指南。这源于屌丝们的信息渠道主要是公共媒体，而信息总是在公开前才更有价值，但穷学生的家长们没有机会得到这些不公开的有利信息。穷学生们不了解各个专业的发展前途，只是人云亦云地做出选择，花费不菲的代价读了没有就业前景的专业，或者是选了一个以盈利为目的的私立大学。

穷人们自我安慰说，成功人士虽然无法超越，但是他们的孩子大多是纨绔子弟。这只是一种错觉，成功者为了拓展事业，他们会注重公众形象，展露自己的成绩。他们的子女则不需要像家长那样独立创业，更多的是利用家族资源开展资本运营，或投身金融等领域，用钱来赚钱。虽然不是每个成功人士的后代都会出类拔萃，但他们成功的概率显然高于穷孩子。

这些话并非打消平凡者的进取热情，阻挡他们急促的脚步，而是希望有志者能把成功看得更清楚，以便确定自己的合理目标，只有这样才能更容易接近成功。

屌丝逆袭也有取得惊人成功的，但要在以下特殊情况下：

1.在某个方面取得了巨大的成就，如研究领域或体育领域；

2.在特殊情况下做出了巨大的贡献，如在瘟疫发作或抗震救灾中；

3.由于个人优秀，与成功人士的子女结合，进入精英家庭；

4.由于出色表现，意外被有影响力的人发现并青睐；

5.做出某种符合社会价值的行为，而被新闻媒体发掘，如女警察为孤儿喂奶而成为新闻人物；

6.由于具备某种特质而无法被取代，如被选为航天员；

7.对人性的把握超乎常人，能够借助他人的力量迅速成长。

大人物往往不是幸福的人

大人物是指在政治、商业、艺术等领域取得巨大成就的人，是人们心目中所谓的成功者，毋庸讳言，这些人也是社会名人。统计发现，大人物们的人生大多数不幸福。

什么是幸福？

红浅学认为，幸福是对人生的期待实现的程度，即人生满意度，包含健康、寿命、财富、事业、地位和家族几个重要因素。

大人物是社会的成功者，他们在财富、地位和事业方面取得了令人瞩目的成就，但往往在健康、寿命和家族方面抱憾终生，因此这些大人物只是成功者，而非幸福者。这种关联现象只能用能量学说来解释。

成功和幸福往往是对立的

在中国的古代，有一种传说，如果一个家族出现了一个很有才华的人，家族的其他成员就会很平庸。这是因为天才摄取了整个家族的能量，从而使自身成为巨人。

有的人通过努力获得了巨大的成功，但家族成员却可能因此遭遇不幸，甚至丧命。个人的成功如果不能造福家族，也不算是幸福。

中国古代的成功者们认识到这一道理，他们会故意放弃一些利益。他们信奉，只使用七分的能力，就会把三分的运气和能力留给后代。

成功者面临生育危机

比尔有一次和丽莎去出差，路上闲聊的时候，比尔说："为什么成功的人物都只生女儿呢？"丽莎马上激动地回应："确实这样啊，最近注意到那些顶级成功者的继承人都是女儿，他们都没有儿子！"比尔又联想到自己熟悉的同行，竟然发现那些咨询师和设计师们大多数生的也是女儿！他和丽莎又凭借有限的信息，对那些著名的导演、演员和作家一一数来，发现大多数生的都是女儿！丽莎说："是不是成功者用脑过度，累得只能生女儿啊？"比尔想了想说："可能是因为竞争压力过大，透支了生命能量。"

生育是人类延续生命的一种本能行为，尤其是成功者，他们更希望能繁衍较多的后代。但大多数成功者会面临生育困难的窘境，而那些一事无成的农夫却可以轻易地生育出一群孩子。有的成功者面临着生育困难，有的成功者虽然有几个子女，但往往男孩比较平庸，或者痴呆，甚至夭折。

成功者在激烈的生存竞争中，长期不懈，全力以赴，击败了无数现实的和潜在的对手，达到人生的顶峰，此过程中必然过多地消耗生命元能，使其繁殖能力弱化。虽然他们有丰富的物质和精神财富，但不足以弥补损失的生命元能。但奇怪的是，将军们不受这一规律限制，大概战争是件简单的事。

慈善公益本质是能量交换行为

成功者拥有过多的财富，多到对自己已经没有意义。他们通过慈善活动，为弱者注入正能量，通过能量反射作用来增强自己的生命元能。

有许多社会公众人物喜欢从事慈善事业，这固然有道德的因素，但也有希望以此获得生命能量的因素。一位女歌手非常热衷于做慈善，她去过中国大陆很多偏僻的地方，在那里做公益活动。每到一处，当地人都会说，大明星来过了。大明星是她非常崇拜的偶像，她非常惊异于大明星的勤勉。

在中国的古书上记载着这样一个故事：

一个商人白手起家，积累了巨大的财富，他娶了三个夫人，但一直没有孩子。到了晚年，他有些心灰意冷，感觉自己的财富应该给别人分享。他去西北经商时，住在一家客栈里，一个年轻人也住在这家客栈，边打工边读书。店老板的女儿年纪大了，老板急着嫁出女儿。商人建议说："那个读书的小伙子看起来不错，不如把姑娘嫁给他。"店老板说："小伙子不错，就是太穷，连个房都买不起，更不用说给嫁妆，姑娘嫁过去会受委屈啊！"商人借给这个书生100两白银，让他娶了店老板的女儿。商人回到家乡后，不到一年，三个太太都生下了孩子。

以上所述似乎有些不可思议，但奇怪的是，很多成功人士大多对此津津乐道，深信不疑。

红浅学改变命运

中国传统认为，决定自己一生幸福的有五个因素，第一是天命，第二是运气，第三是居住环境，第四是读书，第五是宗教信仰。天命和运气都是先天注定的，风水也受制于个人选择的能力，宗教需要神的恩赐，只有读书是唯一具有操作性的行为，其他因素都很难改变。

读书是通过自身的主观努力，通过学习智者的间接经验，让智者的智慧来填充自己头脑的空白，掌握生存技能，学会人生之道。

读书也包含接受教育。能否获得好的效果，则取决于是否遇到优秀的教师。但事实上，因为教师并不是个地位很高的职位，其能力也无法通过对比来验证，所以接受教育具有很强的盲目性。历史上不排除出现过大师级的教师，他的学生们都成为一代弄潮儿，但这种教育显然不具有广泛推广的可能性。当代公共教育教授的是知识，而不是技能，更没有人生之道。在大学里，受同学们热捧的教授不是专业水平高的学者，而是能给学生们传授人生之道、解析时代热点的布道者。

读书是个可以相伴一生的习惯，尤其是在35岁前，会对自己的人生发展有重要的影响。看看一个人的书单，就可以判断出来他将来的发展和人生方向。

能够找到适合自己的书很难，有些书本身是先天不足的，读不好的书有时会给自己带来误导，读书中毒后，需要多年的排毒过程。个人进步的过程，也是排毒的过程。

比尔在大学二年级的时候就开始厌倦专业学习了，他把主要的热情放在去图书馆看书。他想提高自己的综合能力，阅读了大量的心理学书籍。影响他最深的一本书是《人性的弱点》，其中主要的一些方法，比尔都尝试去实践。如赞美原则，比尔总是寻求表扬、赞美别人的机会，结果变成了个另有所图的马屁精；如倾听原则，比尔总是耐心地听别人胡言乱语，自己却变成了个没有主见、不会影响别人的可怜虫；如微笑原则，比尔总是强迫自己时刻把微笑挂在脸上，结果变成了个表情呆板、没有原则的老好人。这些误导性的原则，让比尔吃尽了苦头，很多年以后才纠正过来。还有一本《超级阅读法》，宣称可以教人几分钟内读完一本书，类似的书比尔看过几本，尝试训练的结果是自己得了阅读障碍。

红浅学是从商场和职场的生存和发达之术中提炼出来的，是谋求成功和幸福的系统理论和方法，对亲子、教育、恋爱、家庭、求职、经商、职场都十分适用，综合了精妙的哲学思想和心理学研究成果，超越了以往的成功学体系。**学**

习红浅学，可以让人少走十年弯路，使人快速通达幸福和成功佳境。

为什么红浅学来自于对商场和情场，或者说是政治和商业博弈的观察？因为在这几个领域人类才华和心智发挥得最充分，而且效果表现最明显，对个人命运影响最显著，为红浅学提供了广泛的参考素材。

红浅学绝非培养善良的绵羊（红浅学和厚黑学）

红浅学通过阳光、积极和善意，顾及彼此的面子，像中国古代谦和的君子，像西方有教养的绅士，那么红浅学培养出来的人是不是不敢斗争、缺乏竞争能力的绵羊呢？当然不是。

红浅学和厚黑学是一枚硬币的两面，一个精通红浅学的人，一定会自然精通厚黑学。知道如何为别人注入正能量、为别人提升面子的人，更知道如何为别人注入负能量、如何打击别人的面子。就如一个精通医术、救死扶伤的大夫，肯定更知道如何结束一个生命；就如一个会培养优等生的教师，更知道如何把学生变成恶棍、混蛋。

善意确实是红浅学的一个基本特征，但仅有善意不等于红浅学。红浅学并不赞同割肉饲虎、农夫爱蛇之类的悲壮的行为。生活中不乏热情、善良、积极的人，他们只是具备了红浅学的某些特征，并没有掌握红浅学之道，还不能称之为红浅学高手。

红浅学与厚黑学的关系

红浅学是提倡积极、善意、主动,发挥正能量,提升彼此的面子,通过合作达成共赢。具体的战术有:为别人注入正能量,为自己注入正能量,为别人提升面子,为自己提升面子。

厚黑学是本着竞争的理念,不择手段,唯赢是图,不惜撕破脸皮,损害关系,置道义和法律于不顾,达到成功的目的。其本质是恶意、消极、攻击、阴谋,以破坏来达到成功。

厚黑学本身是一种狼性生存法则,自诞生以来的近百年间,一直为中国人所津津乐道。原因一方面是因为其观点比较鲜明,是中国较为完整的成功学,而且在以往的历史演变中,确实有一些政客们通过厚黑手段来决定社会进程。

但事实上单纯依靠厚黑学是无法成功的,假如身边有一个单纯使用厚黑手段的人,很快会被别人冠以恶棍的标签,成为众叛亲离的孤家寡人,很难立足于社会。一个底层的人,根本没有办法通过厚黑手段爬到一个较高的位置。即使通过竞争手段获得成功的人,其大多数情况下,依然采用的是红浅学。

成吉思汗是历史上最成功的男人之一,他带着蒙古军队打败了无数敌人,建立了横跨欧亚的蒙古帝国。他拥有无数女人,因而成为世界上后代最多的人之一。成吉思汗不仅个人领导能力出众,还发明了凶猛灵活的运动战,一时间蒙古骑兵所向披靡，蒙古弯刀扬威沙场。但一个关键的问题是，蒙古军队当时不过几十万，历经无数次的战争，怎么能保证兵员的补给，怎样才能统治广袤的被征服的领土呢？成吉思汗采取的办法是民族融合，只要其他部落愿意接受蒙古的统治，接受成吉思汗的领导，都可以加入蒙古，享受同等待遇。于是，蒙古军队并没有因为战事频繁而人数减少，反而滚雪球般越来越多，所谓的蒙古族也愈发壮大。

红浅学的高手们大多隐藏在政治领域，他们在角逐权力的过程中，无师自通地学会了红浅学。精通红浅学的人，不仅是善者，更是智者和勇者。掌握和运用能量的人是最强大的。历史上，不乏有人精通红浅学之道，杀人如麻，但却被奉为圣人。

比尔是个骄傲的人，所以不太注重与别人的关系。在日本分公司的时候，他被总经理当场宣布停职，因为总经理找了个与自己关系更加密切的人来替代比尔。比尔当时处于众叛亲离的状态，所有曾经对其毕恭毕敬的人都抱以幸灾乐祸的心态。但是比尔毕竟是个天才，他的本能突破了自己的性格，他无意间采用了红浅学之道。仅用两天时间，他迅速成了总经理的知己，从一个倒霉蛋摇身一变，成了公司举足轻重的人物，那些暗地嘲笑他的人都遭到了惩罚。他的方法很简单：就是提升总经理的面子，打击其他人的面子！

精通红浅学之道的人是浑身充满正能量的人，光彩照人，令人瞩目，强大而自信，让善者凝聚，使邪恶避让。

做幸福的大多数

大多时候，我们谈到的成功都是竞争性、排他性的，如果过度追求成功，必然会消耗较多能量，因而损害获得幸福的能力。成功往往是以权力、财富和名望为指标，在具体条件下是稀缺的，而幸福却是无限的。不做少数的成功者，要做幸福的大多数！

一、培养一种运动爱好

有的人天生就有良好的体质，身体强壮，神采奕奕，有的人则需要通过运动来达到。在年轻时有多年职业军人经历的人，会终生享受严格的体能训练带来的健康收益。但职业运动员在退役后并不一定会从运动经历中获益，因为教练们为了竞赛获胜，让他们进行了过度的体能透支，有的甚至服用药品。很多人在大学时代保持着良好的运动习惯，当离开校园后，特别是结婚后，运动频率大幅度减少，主要是失去了运动的客观条件和社会气氛。

运动的目不是为了让自己的肌肉变得更加发达，或者跑步的距离更长，而是让自己的精力更充沛，使自己的生活更加快乐，让人生充满幸福感。如果没有达到这个目的，那必须重新来检讨自己的运动方法。目前健身房里有很多运动项目,其运动效果是要重新评价的。

二、不要设立竞争性的目标

设立考试要考第一的目标是愚蠢的。你可以设定自己成绩要考多少分,然后尽力努力就可以了,你在努力的过程中无法左右别人的努力行为,唯有自己做到最好,至于最终第几无法控制。想要富有,树立成为世界首富的目标同样愚蠢,你的目标应该是让自己更加富有,而不是和比尔·盖茨比金钱数字;你可以为自己设定一个具体的财富数字,但千万不要以超过某人为目标。否则,无论实现与否,你都不会真正快乐。

不设立竞争性目标的另一个原因在于,有的人天生不适应竞争,一旦把自己置于竞争性和敌对性的环境中,其发挥水平反而不如平时。

三、树立人生价值而非设立人生目标

设立人生目标是件不可靠的事情,因为人并不了解真正的自己,也不一定知道自己真正追求什么,人的很多目标是受环境影响而盲目设定的。回首以往设定的目标,人们会不由自主地感到可笑。事实上,设立人生目标不如树立人生价值观。通过倾听内心的声音,可以帮助树立人生的价值观。你的人生价值观不是通过教育或者学习来的,它发自于你的内心深处。有些人背叛了自己的家庭、阶层,仅仅是因为自身价值观。

人生价值观决定了个人的行为方式和战略选择。了解了自己的人生价值观,就会理解以往的行事方式,不会埋怨、否定自己,更懂得欣赏自己,学会和自己对话,也更加确定了以后的做事原则和目标。这样就强化了自己的行动效果,减少了能量自耗,相当于补充了正能量。

四、适度从事公益活动

慈善公益本质是能量交换行为。成功者拥有过多的财富,多到对自己已经没有意义。他们通过慈善活动,为弱者注入正能量,通过能量反射作用来增强自己的生命元能。

有许多社会公众人物喜欢从事慈善事业,这固然有道德的因素,但也有希望以此获得生命能量的因素。一位女歌手非常热衷于做慈善,她去过中国大陆很多偏僻的地方从事公益活动。每到一处,当地人都会说,大明星来过了。大明星是她非常崇拜的偶像,她非常惊异于大明星的勤勉。当然,从事公益活动要量力而行,如果自己都需要帮助,那就先改善自己的人生,不要给社会添麻烦。

五、提高家庭价值

家庭是人生的起点和终点,但很多人忽视了家庭,而把外在的成功作为人生的追求。和家庭成员处理好关系,能从中获得源源不断的能量支持,为个人的成功和幸福奠定基础。